赵宋

如是我见

赵冬梅 —— 著

山西出版传媒集团
山西人民出版社

前言

2023年8月到12月，我受邀在香港教育大学客座一学期。陈苏镇老师代表校方提出邀请的时候，我什么都没问，就一口答应下来。闷得太久，想要看看外面的世界是否无恙，哪怕只是香港；还想有段时间可以远离尘嚣，专心写作。之后跟校方谈合同，才知道要教两门课、提供五个公共讲座，也只得欣然前往。

果然是一段美好时光，同事都很帮忙，师生相得，听讲两畅，旧雨来，今雨亦来，其乐融融。写作当然就不能想了，既然没有大块的时间可以写作，索性活动起来。蒙曹家齐兄不弃，引我进入快乐的中大人文交游圈，周末省港穿梭，蹭吃蹭喝蹭会。

此间乐，亦思蜀，我开始阅读苏轼苏辙代际的材料，思考如何开始我的"北宋政治文化兴衰史"序列中的最后一部。恰好广州图书馆、南越王博物院邀请讲座，我便讲了《东坡过岭》。毕竟，是"过岭"重启了我的"东坡因缘"。

《东坡过岭》和香港教育大学五场公共讲座的整理修改稿,合起来构成了这本小书。六篇讲座,可以分为四个单元:

(一)《华夏群星闪耀时》是最简版的北宋政治文化兴衰史。上篇介绍北宋前中期士大夫的精神风貌,展现"帝制时期儒家政治的最好成绩"。下篇讲述"大变法"如何造成了"北宋政治的法家转向",是"最好成绩"的消失史。

(二)《东坡过岭》讲述"过岭"之后的苏东坡在惠州的快乐生活,"过岭"是北宋高级官员所能遭遇的最严厉的惩罚,而"坡也,不改其乐",不失其仁民爱物之心。《苏轼,在司马光和王安石之间》通过文本细读,分析苏轼兄弟是如何看待司马光和王安石的。在大变法之后逐渐滑向"恶性分裂"的时代氛围中,苏轼、苏辙始终保持了独立思考、勇于发声,诚不易也。

(三)《帝制时期的王朝政治:我的想法和做法》试图从《白虎通义》等帝制国家官方树立、承认的理论文本出发,抽象出帝制时期王朝政治的理想形态,为不同王朝的政治史研究建立坐标。我的北宋政治文化史写作,包括《千秋是非话寇准》《司马光和他的时代》《大宋之变,1063–1086》《宽容与执拗:迂夫司马光和北宋政治》,都是在这一坐标之下开展的。现在,我试图把坐标本身展示出来。受限于时间,这篇演讲稿的表述还有很大的完善空间,是我未来努力的方向之一。

（四）《传统中国，何为真实》讨论了一个常常被忽略的问题：我们赞美传统史家的"实录"精神，赞美古代政治家的直言敢谏，但是，大概很少有人想过，古人所说的"真实表达"（或者说"实录"），跟我们今天所理解的"真实表达"，真的是一回事吗？人们认为怎样表达才是真实的，这就是"真实观"的问题。从儒家六经之一的《春秋经》出发，我试图给出的答案也许并不令人愉快，但这就是我看到的真实存在。

"如是我见"，如是我言：从作为断代的宋朝出发，写宋人，观宋事，以宋朝为例检讨帝制时期的王朝政治。我尽我诚，希望得到你的批评。

2025年1月3日

目录

华夏群星闪耀时（上）   1

华夏群星闪耀时（下）
    大变法与北宋政治的法家转向   33

东坡过岭   67

苏轼，在司马光与王安石之间   111

帝制时期的王朝政治：我的想法和做法   149

传统中国，何为"真实"   179

华夏群星闪耀时(上)

一、开场白：一个历史学者的好奇

谢谢各位，我非常荣幸能够有这样一个机会到香港来跟同事们和同学们交流，更有机会能够在课堂以外的更广大的场域跟更多的朋友分享我的读书心得。刚才主持人商博士介绍我的那两本书[①]。准确地说，那两本书都是我的读书报告，我在书中也做了声明。大陆历史学中国古代史研究的人才培养和学术研究，通常是按照断代划分区域、各自展开的，我作为一个职业的历史学者，是做宋史的，更准确地说，我是做晚唐一直到北宋前期，现在开始向北宋后期过渡，南宋还没到。我们的研究领域相对来讲划的比较小，领域小是为了能够深入。但"我们"也和大家一样，每个人对于历史的兴趣是广泛的，我作为一个宋史研究者，对于其他断代，对于那些我并没有时间或者并没有能力进行研究的领域也有我自己的好奇。这两本书都是好奇

[①] 即下文提到的《人间烟火：掩埋在历史里的日常与人生》，中信出版集团，2021年；《法度与人心：帝制时期人与制度的互动》，中信出版集团，2021年。

心驱动之下的产物。这当然也包括在教学当中遇到的问题，我自己遇到的和学生问我的，我得到这些问题之后，为了满足好奇心会去查阅前辈和同侪的研究，并在此基础之上给出我的读书报告，《法度与人心——帝制时期人与制度的互动》《人间烟火：掩埋在历史里的日常与人生》这两本书都是我的读书报告。今天跟大家报告的题目叫"华夏群星闪耀时"，某种程度上也是我的一个读书报告的简体版。

二、"小帝国"的"大风范"

我的这五场演讲，有两场题目都是"华夏群星闪耀时"，分为上和下，上介绍"华夏群星闪耀时"，即北宋政治史上曾经出现过帝制时期儒家政治的"最好成绩"。

首先，我想对中国历史上的宋朝做一个极为简单的介绍。我们可以把两宋时期中国的全图和汉代的疆域、唐代的疆域做一个简单的对照。仅仅是这样短暂的一瞥，就可以注意到，宋朝，不管是辽-北宋时期还是金-南宋时期，中国都没有实现大一统，就大中国的历史而言，960—1279年其实是中国历史上的又一次南北朝时期。如果我们单独来看作为帝制国家的宋朝，那么，不管是北宋还是南宋，版图都非常有限，宋是一个空间概念上的小帝国。但这样一个空间概念上的小帝国对于华夏文明的发展却有着跨越时间的深远影响力，这个深远的影响力我称之为"小帝国的大风范"。

关于宋朝小帝国的大风范，研究宋史的人非常喜欢征引几位民国大学者的论断。比如严复在给熊纯如的信中说："古人好读前四史，亦以其文字耳。若研究人心政俗之变，则赵宋一代历史，最宜究心。中国所以成为今日现象者，为善为恶，姑不具论，而为宋人之所造就，什八九可断言也。"这是严复的说法。

再来看钱穆说法："论中国古今社会之变，最要在宋代。宋以前，大体可称为古代中国。宋以后，乃为后代中国。""就宋代而言之，政治经济、社会人生较之前代，莫不有变。"

严复和钱穆这两位先生关于宋代的说法，是在现代学术还没有完全展开之前所做的非常敏锐的主观判断。这两位大学者都认为宋朝是一个非常重要的时代，在那个时代发生了一些变化，而这些变化影响、形塑了后来中国的样子。用钱穆的话来讲，宋代以前是"古代中国"，宋代以后是为"后代中国"；用严复的话来讲，"中国之所以成为今日现象者"，乃"为宋人之所造就"，这一点十之八九是可以断言的。严复和钱穆这两位都认为宋朝很重要，在宋朝所发生的一些变化塑造了后来中国的政治、经济、文化，以及中国人集体的精神面貌，其影响一直延伸到近代。但是，这两位学者对于这些变化的性质并没有做出价值判断。这些变化究竟是好是坏，不管是严复、还是钱穆都没有做出直接判断，严复说"为善为恶，姑不具论"。

另一位民国大学者陈寅恪先生的说法则不同，他直接做了价值评判。陈寅恪先生说的是"华夏民族之文化，历数千载之演进，造极于赵宋之世。后渐衰微，终必复振"。陈先生认为，宋代是华夏民族文化的"造极之世"。陈先生这话是1943年为邓广铭《〈宋史·职官志〉考正》作序时所写，当时正值抗战，陈先生避乱于桂林雁山园红豆小馆。我们照原文读来，可以这样理解，陈先生认为，截止到1943年，宋代仍然是华夏文明的造极之世；也就是说，直到1943年，我们都还没有抵达宋代的文化高度。

这些民国时期的大学者，当他们做出上述判断时，凭借的是他们高超的学术洞察力和敏锐的学术判断力。但在那个时候，细致的学术研究并未深入展开，他们的判断在很大程度上指引了后来的研究。到今天，我作为一个晚辈后学者，在此后八十年的学术积累的基础之上回望前贤，我个人更倾向于陈先生的说法。至少就政治文化的层面上来讲，我个人更倾向于陈先生的说法，即宋代是中国传统时期政治文化的造极之世。

三、"华夏群星闪耀时"

为什么这样说？我这里有一个简单直观但不严密的证明。2020年故宫有一个"千古风流人物展：苏轼主题书画特展"，其中一张展板给出了"苏轼和他的朋友圈"，从苏轼延伸出去，他的老师、他敬仰的人物、他共事的前辈、他的同辈/友人、他的弟子、他的晚辈/友人、他的政见不合者，这当中有太多是我们熟悉的名字。按照坊间流行的说法，这里有我们语文课本里的"背诵天团"——我们语文课本上要背诵的课文，很多都来自"苏轼和他的朋友圈"，一千年过去，"他们"还在我们的生命时空里激荡回响。在苏轼的生命时间和空间之中，北宋中后期，曾经"有千古风流人物，耀华夏古今"。我常常想，只要中国的文字在，这个文字所承载的文化在，这一天的华夏群星、特别是中间最亮的那一颗——苏轼，就会被人们铭记。那一个诞育了范仲淹、欧阳修、司马光、王安石、苏轼、苏辙的时代，是当之无愧的华夏群星闪耀时。

1. 新型的士大夫官僚创造了帝制时期儒家政治的"最好成绩"

那么，这一群闪闪发光的"华夏群星"，他们究竟是谁？他们的集体名称是北宋的士大夫。刘子健先生在《中国转向内在》中自问自答："宋朝的士大夫究竟是一个怎样的群体？他们是受过儒家经典及相关知识教育的无数个人，因此有时又被称为士，通过荐举或科举考试，他们成为文官集团中的终身成员，或曰职业官僚。如此这般，他们构成统治阶级。"他们是学者、他们是官员、他们是统治阶级的核心，他们构成了那个时代文化的主流，他们塑造了一个新的文化。

这群被我们称为宋代士大夫的人,他们的核心和主流是科举出身的新型官僚。我们今天讲科举制度的时候,往往会追溯到隋朝,这是以进士科的设立为标志的溯源。但只有从宋朝,特别是从宋朝的第二个皇帝宋太宗统治时期开始,科举取士的大门才真正大开:录取规模大大增加,科举出身的官员在官僚中的占比增加,政府中的重要职位几乎被科举出身者全数占据。用北宋蔡襄的话来讲,"今世用人,大率以文词为进。大臣,文士也(二府大臣,宋朝的中央领导集体,是文士);近侍之臣,文士也(皇帝身边的文学侍从,这是地位很高的官员,他们也是文士);钱谷之司,文士也(管理朝廷国家经济的,是文士);边防大帅,文士也(为国守边的最高级别的帅臣,是文士);天下转运使,文士也(地方财政税收的管理者,是文士);知州郡,文士也(宋代的地方行政实行州县两级制,州级地方长官,基本上是文士;县一级的,其实也差不多)。"据现代学者统计,北宋宰相71人,科举出身的65人,占92%,副宰相级的153人,科举出身者139人,占91%。这个比例是非常之高的。

唐宋两朝相比,科举出身的官僚特别是进士科出身的官僚,在官僚集团中的占比发生了一个重要变化,由此影响到整个社会,使社会的阶级结构发生了根本性变化。何怀宏在《人累科举》一文中有个判断,说:"唐代虽行科举,但进士在总人口中所占比重极小,基本上还是一个贵胄社会,或如陈寅恪所言,是一个有赖于门第的旧贵族与借助于科举的新贵族并存及相争的社会。"这是唐代。在两宋则发生了重要变化,"宋代考试行糊名、誊录、锁院等",这是指科举的防弊措施,比如我们今天高考所使用密封卷头(糊名),命题人封闭隔离直到考试完毕(锁院),这些宋代都已经实行了。而宋代的高级别考试比我们今天还要严格,试卷密封卷头之后还要让人用规范的字体抄一遍(誊录),再编上号拿去给考官看,考官阅完卷,排定名次之后,再把试卷打开。而这些措施的发明和应用改变了科举,也改变了宋代社会,《人累科举》继续说:"宋代考试行糊名、誊录、锁院等",这些都是让科举考试变

古代科举考试图

得更加公正,"取士全然不问门第,士大夫多出草野,贵族就无论新旧而皆消亡,社会渐转成一个完全的科举社会了。"唐代是贵胄社会,宋代是科举社会。贵胄社会的意思,直白地说就是"家族决定个人"。当然就整个唐代来讲,家族决定个人的比重在不断下降。科举社会的核心要义,是"个人决定家族",存在相当程度的社会流动。这是科举社会与贵胄社会的本质区别。香港前辈学者孙国栋先生说:"唐代以名族贵胄为政治、社会之中坚,五代以由军校出身之寒人为中坚。宋代则以由科举上进之寒人为中坚。所以唐宋之际,实贵胄与寒人之一转换过程,亦阶级消融之一过程。深言之,实社会组织之一转换过程也。"

在唐宋之际社会组织转换的过程中,出现了这样一群新型的士大夫官僚,他们是一群新人,这群新人创造了新的政治和新的文化,由此出现了帝制时期儒家政治的"最好成绩",这就是华夏群星闪耀时的本质。这是我的一个判断。

2. "帝制时期儒家政治的最好成绩"释义

在我的判断中,有两个关键词:"帝制时期"和"儒家政治"。帝制时期指的是公元前221年一直到1911年这个漫长的历史时期,此期中国的国家制度是皇帝制度下的朝廷国家。儒家政治指什么?简单一点说,是法家创造了帝制国家,汉代以后,儒家进入帝制国家,改造法家的制度和政治文化。此后的中国政治其实是在法家和儒家的两极之间不断移动，一端为法家的极端理想型，一端为儒家的极端理想型，实际的政治思想和政治运作永远在两端之间。在北宋，这一群新人所创造出来的新政治、新文化是比较偏向儒家的，或者说，在儒法之间相对而言"允执厥中"，这就是帝制时期儒家政治的"最好成绩"。

四、士大夫的集体品格"以通经学古为高；以救时行道为贤；以犯颜纳说为忠"

士大夫政治，是以士大夫也就是科举文官为主流的官僚集团所造就的新型政治形态。这一群士大夫有着怎样的集体品格？在为老师欧阳修的《六一居士集》所作序言中，苏轼这样总结欧阳修那个代际中士大夫的集体特征，说他们"以通经学古为高；以救时行道为贤；以犯颜纳说为忠"。

他们首先是"通经学古"的。在学术思想上，宋朝的士大夫有一个重返先秦儒家，直接对接儒家经典，发掘儒家经典当中的真理的过程，这就是"通经学古"。他们"以通经学古为高"，相较于前辈，他们有着更为深厚的儒学修养——这是唐后期经五代至宋初儒学发展、学术积累的结果，也是思想开放的产物。同时，他们的读书跟我们今天的读书有一个很不一样的地方。包括我本人在内，今天的读书大部分是"向外"读的——我们读书是为了取得外在的东西,比如发表论文、获取文凭、评定职称等等;我们学习知识是为了征服和改造自然,让它(按照人类的意愿)变得更加美好。古人读书是"为己"的,为了自己,建设自我。宋代士大夫深厚的儒学修养,始于修身,建设强大而稳定的自我,终于治国平天下,从"我"出发以至于广大,他们始终有"我"。

这样一群人有着深厚的家国情怀,在家为孝子,在国为忠臣。作为臣子,他们以"救时行道为贤",敢于直面朝廷国家所面临的问题,努力推行儒家的"道"。这样的一群人,他们有着大忠之义,有着道统的自觉。"大忠"是忠于江山社稷,忠于朝廷国家;与大忠相对而言的是"小忠","小忠"是忠于皇帝个人。我把皇帝分为"抽象的皇帝"和"具体的皇帝","抽象的皇帝"代表江山社稷的整体和长远利益,"具体的皇帝"指宝座上的那个人。"大忠"忠诚于"抽象的皇帝","小忠"忠诚于"具体的皇帝"。"大忠之臣"有着儒家的道统自觉,即他们始终相信,作为儒家学者,是他们(而非皇帝)把握着"道",这个"道"从先圣周公、孔子那里一直下来,传到"我们",所以"我们"要"救时行道",能够以"救时行道"为志业者才是贤者。

这样一群拥有"道统自觉"、秉持"大忠之义"的官僚,在面对皇帝的时候,必然是以"犯颜纳说为忠"的。

"具体的皇帝"无法满足"抽象的皇帝"的要求，偏离乃至背离"道"，是皇帝制度下王朝国家的永恒问题。"大忠"追求"救时行道"，必然敢于犯君之颜，使纳我说。

这样一群人还有个非常了不起的地方，理想主义之外，他们还富有实干精神，不仅仅是有着深厚学养的儒家学者，是守原则、重理想的人，同时他们还非常能干，有着出色的行政和政治能力。刘子健先生总结说："他们是文臣中的儒臣，守原则、重理想"。文臣指的是他们的职业，儒臣指的是学术。"宋代知识分子共同珍视的价值观念集中在国家事务和社会福利两大领域，对道的最高追求始终要重于他对官僚生涯的渴望"，他们当然也追求升官，但升官不是为了发财，而是为了救时行道。"他们是官员却从不把自己局限在衙门的日常争讼之中，而是保持着广泛的兴趣，关心国家政策、道德水准、精英行为、哲学倾向、社会福利和教育，一言而蔽之，他们关怀儒家的理想生活之道。"

五、"宋朝忠义之风，却是自范文正作成起来也"

这样一群人、这样一种士大夫政治是从什么时候开始的呢？用南宋朱熹的话来讲，"宋朝忠义之风，却是自范文正作成起来也"。今天研究士大夫政治的学者也往往是把范仲淹这个代际的士大夫登上政治舞台、集体亮相作为

范仲淹

欧阳修

士大夫政治形成的标志。接下来我就从范仲淹开始,给大家介绍这群华夏群星是如何闪闪发光的。

欧阳修在《范文正公神道碑》中这样说范仲淹:"其事上遇人,一以自信,不择利害为趋舍。其所有为,必尽其力,曰:'为之自我者当如是。其成与否,有不在我者,虽圣贤不能必,吾岂苟哉。'"也就是说,范仲淹这个人侍奉上级(也包括皇帝)、对待人和事,全然凭借他的自信,而他自信的基础就是他自己基于道统自觉的判断。范仲淹的后辈王安石说"已然而然,君子也","君子"是敢于、勇于坚持自我的。范仲淹"事上遇人,一以自信,不择利害为趋舍",他认为对的事情就一定会坚持,不会因为利害而动摇。而他一旦选择了做某事,就一定尽其所能,"其所有为,必尽其力"。

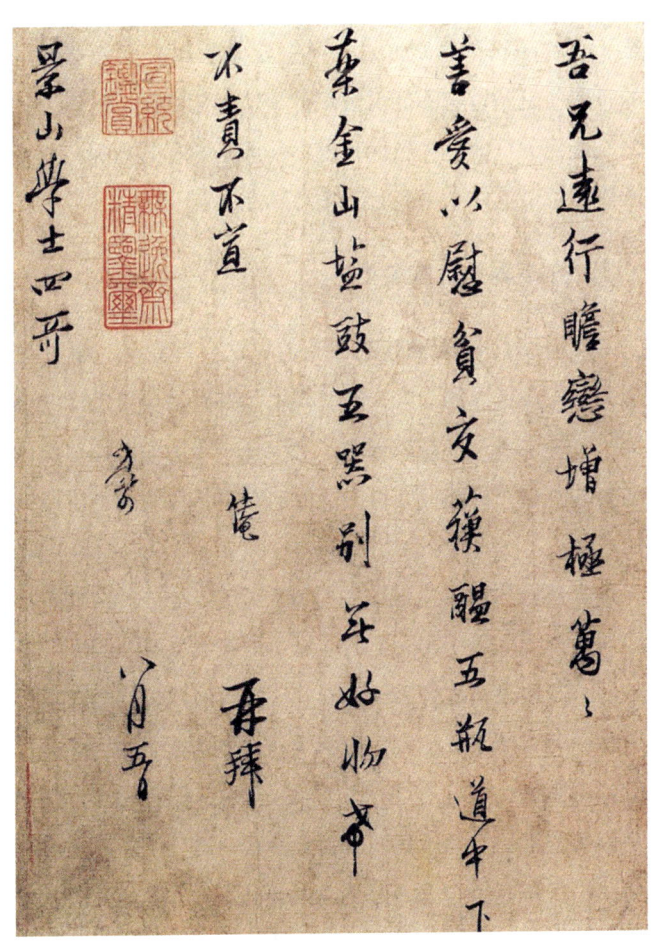

范仲淹书法《远行帖》

范仲淹的夫子之道是"为之自我者当如是",一件事情只要是由我来做的,就应该这样。"其成与否,有不在我者",至于这件事情能否成功,并不一定是我单方面能够决定的,即便是圣贤也不能保证每件事情都能做成,所以,我怎么能因为可能的失败而畏缩不前或是不尽其力呢?这是欧修修对于范仲淹"事上、遇人"的总结。

1. 无效的反对是否有意义?

下面我们具体来看范仲淹的做法。首先是"事上",那个时代最优秀的士大夫在"事上"方面呈现出怎样的态度?我举"事"最高级别之"上"——君主为例,他们所呈现的,是一种理性而有温度的、对事不对人的、讲原则的态度。

范仲淹的官僚生涯主要是在仁宗朝。仁宗年幼即位,他名义上的生母(实际上的养母)刘太后摄政。刘太后摄政的时间很长,权势熏天。刘太后摄政时期,曾经发生过这样一件事情,"当太后临朝听政时,以至日大会前殿,上将率百官为寿。有司已具。"冬至和正月初一的大朝会是宋朝每年举行的最高规格朝会活动,这一年的冬至大朝会,仁宗决定要"率百官为太后寿上",亲率百官当众拜见太后,"有司已具",有关部门已经把相应的仪式仪仗准备好了。这时候,范仲淹表示反对,"公上疏言天子无北面,且开后世弱人主以强母后之渐"。反对的原因是:从孝道出发，皇帝可以在宫中行家人礼，拜太后；从国法出发，在朝堂之上，皇帝是国家的最高唯一首脑，没有理由拜其他任何人，包括太后。欧阳修的《范仲淹神道碑》说"其事遂已"，反对有效。但是，也有材料指出，这一年的冬至大朝会，仁宗事实上还是拜了太后的——反对无效。反对无效是不是就意味着反对本身无价值？不是的。即便反对无效，反对本身仍然是有价值的。范仲淹表示反对，就是要让太后知道你现在想要做的这个事情不合乎伦理秩序，你在做错的事情。范仲淹还上疏请求太后还政于皇帝，这当然也是无法实现的事，但范仲淹用他的反对让太后明白底线在哪里、原则在哪里。这就是不能奏效的反对的价值。一旦这样的反对不复出现，那便意味着底线的后撤，而底线的后撤对于政治和政治文化而言，才是真正的倒退。

2. 理性与温情背后的大局观

太后虽然热爱权力，然而不能不死。"及太后崩，言事者希旨，多求太后时事，欲深治之。公独以谓太后受托先帝，保佑圣躬，始终十年，未见过失，宜掩其小故以全大德。"刘太后是仁宗名义上的生母，仁宗生下来就抱给她养。等到刘太后死了之后，才有人来报告仁宗，说你的生母其实另有其人。在这个时候，某些人就揣度仁宗的恨意，搜罗太后执政时期的问题，打算穷追猛打，把事情闹大。

如果允许这样的事情发生，那必然会破坏上层的团结，影响国家稳定。刘太后死，仁宗亲政，尽管这不是皇位的交接，但也是最高权力的交接，是极易引发不稳定的时候。

当此之时，范仲淹上疏，为太后辩护，"公独以谓太后受托先帝，保佑圣躬，始终十年，未见过失，宜掩其小故以全大德"。保全太后的大德，也就保全了皇帝和太后之间业已存在的长达二十多年的母子情份，保全了上层的团结和稳定。

在对待刘太后的问题上，范仲淹的态度始终是理性的、坚持原则的，但同时又是有温度的，他对事不对人，重视伦理，重视秩序，追求团结。这是范仲淹的"事上"。

3. "公罪不可无，私罪不可有"

下面看范仲淹的"遇人"，他能够做到忧民之忧，不媚上、不从俗，实事求是。范仲淹有一句名言，其中所传递的内容在今天更值得我们认真听取，最起码要与"先天下之忧而忧，后天下之乐而乐"并驾齐驱。范仲淹说"为官者，公罪不可无，私罪不可有"。唐宋时期，将官员犯罪区分为两大类，公罪和私罪。公罪就是你要做事情，结果做错了，因此所犯的过错。私罪是你为了谋私所犯的过错。我们今天通常会强调的是"私罪不可有"，但"公罪不可无"也同样重要，完全没有公罪的人意味着他可能从不承担责任，根本不会积极主动，尤其是创造性地做事情。范仲淹说，做官的人"公罪不可无，私罪不可有"，就是说不可谋私，也不可尸位素餐、混吃等死什么都不干，要积极主动创造性地工作。

我们看范仲淹是如何做事的。范仲淹"领浙西时大饥，公设法赈救，仍纵民竞渡，太守日出宴湖上，居民空巷出游，又谕诸佛寺兴土木。又新廒仓吏舍。日役千夫"。范仲淹主政杭州的时候，遇到了大饥荒。他的救灾方式有些特别，"纵民竞渡"，鼓励老百姓搞龙舟竞赛；"太守"（古称，宋代州长称"知州"）也就是他本人"日出宴湖上"，

宋·佚名《西湖春晓图》

每天都在西湖上泛舟,本城百姓也"空巷出游",把旅游业搞起来了,很热闹。与此同时,范仲淹"又谕诸佛寺兴土木",动员杭州有钱的佛寺大兴土木,官府也重修仓库和官衙,"日役千夫",每天都创造1000个就业机会,让饥民可以通过劳动体面地挣到衣食。

这是一种非传统、反主流的救灾方式。传统的主流的救灾方式是施粥散米。当老百姓忍饥挨饿、灰头土脸的时候,地方长官也应该做出同呼吸共命运的样子。而范仲淹做的,是非传统、反主流的"以工代赈"。于是,范仲淹受到了弹劾,"监司劾杭州不恤荒政,伤耗民力。"遭到弹劾之后,"公乃自条叙所以宴游兴造",他对朝廷解释说,自己之所以这么做,"皆欲发有余之财,为贫者贸易饮食"。杭州地方富庶,包括寺院在内的民间财富积累丰厚,因此,在杭州救灾可以利用民间财富,通过繁荣经济、创造就业机会来实现对饥民的救助。范仲淹对中央的解释有效。他的救灾有效,"是岁惟杭州晏然,民不流徙"。

我们从范仲淹杭州救灾这件事情里面,看到了一个负责任的范仲淹,他是因地制宜的,杭州这个地方富,因此可以这样搞;我们还看到了一个负责任的监司,他无法理解、看不惯范仲淹的做法,就向中央弹劾了范仲淹;我们也看到了一个允许范仲淹做出合理解释的中央朝廷,范仲淹解释了,这事就过去了;最后,更为重要的,我们看到了救灾行动的有效性。这就是11世纪三四十年代北宋的士大夫政治。

稍微后一点，王安石做度支副使的时候，写了《度支副使厅壁题名记》。三司是宋朝的财政部，下设盐铁、度支、户部三司，当时三司各设副使。王安石在《度支副使厅壁题名记》中说："三司副使，方今之大吏，朝廷所以尊崇之甚备。盖今理财之法有不善者，其势得以议于上而改为之，非特守成法，吝出入，以备有司之事而已。""有司"是宋朝行文当中一个常见的名词，就是"有关部门"的意思。"有司"有所司、有所掌、有具体的职责范围，同时也就有所不司、有所不掌，这是"有司"的职务特点。不属于有司的，在宋代是两类官：一是宰执大臣，二是专门负责提意见的谏官。三司副使属于有司，有所司也有所不司，但王安石说，"三司副使，方今之大吏"，其职责并不限于"守成法，吝出入，以备有司之事而已"，而是朝廷财政但凡"有不善者"，三司副使"皆得以议于上而改为之"。王安石对三司副使的定位是，在他所管辖的财政领域之内，只要是国家的理财之法有任何问题，都可以与皇帝、宰执讨论，提出改革意见。

通过王安石的表述、范仲淹的所作所为，我们能够看到北宋士大夫的共同特质，他们是实事求是的，能够睁开眼睛直面现实，一旦发现问题，更是勇于改错，勇于承担责任。这是他们的"遇人"之道。

六、富弼青州救饥，宋代救灾史上的壮举

关于救灾，我还想多举一个例子。这个例子很长，但我舍不得不用它，还是想讲讲，这就是富弼的青州救饥。苏轼是不怎么给人写神道碑和墓志铭的，他有数的作品之中就包括了给富弼写的《富郑公神道碑铭》。富弼和范仲淹曾经共同领导了短暂的庆历新政，新政失败之后，富弼曾任青州知州。青州在今天的山东，富弼到青州的时候，正赶上河北黄河决口，大量难民涌入山东。富弼于是在青州组织了卓有成效的救灾活动。

苏轼在《富郑公神道碑》这样记载富弼的救灾措施：第一，"公择所部丰稔者五州，劝民出粟，得十五万斛，益以官廪，随所在贮之"。作为青州知州，富弼同时兼任京东东路安抚使，下辖七州一府一军。为了安置灾民，富弼选取了其中五个收成好的州，鼓励老百姓捐献粮食，从民间征集到十五万斛小米，再加上官府原有的，赈灾的粮食有了。但富弼并未将粮食集中起来，而是分散储存。第二，"得公私庐舍十余万区，散处其人，以便薪水"，富弼征集到了官府和民间的空置住所十多万处，分散安置河北来的灾民。住处分散，更便于就近取得燃料和饮水。第三，是赈灾管理的人力动员，做管理这个事情不是谁上都行的，还得有一点经验、有一点能力，所以，富弼把京东地

面上凡是有过做官经验的都动员起来，给津贴，让他们到灾民聚集的地方去负责发放赈灾粮，"官吏自前资待阙寄居者，皆给其禄，使即民所聚，选老弱病瘠者廪之"。第四，富弼宣布，暂时征用辖区内的山林河泊，"山林河泊之利有可取以为生者，听流民取之，其主不得禁"。特殊时期，为了赈灾，山林河泊的主人暂时开放其私产，但也不白干，"官吏皆书其劳，约为奏请，使他日得以次受赏于朝"。第五，富弼"率五日辄遣人以酒肉糗饭劳之，出于至诚，人人为尽力"。每隔五天派人慰问赈灾者，以示激励。第六，为客死他乡的灾民举行葬礼，让死者入土为安，"流民死者为大冢葬之，谓之丛冢，自为文祭之"，而死者的及时埋葬，也杜绝了瘟疫的发生。

《耆英胜会图》（局部）
该人物长卷再现了北宋年间司马光、富弼等人日常闲聚场景。

富弼的青州救饥，苏轼写的简单而清晰，行文非常有力。我们从中可以看到那个时代最优秀官员的能力和魄力。富弼的青州赈灾跟范仲淹的杭州救饥异曲同工，都是因地制宜，实事求是，立足于本地具体情况和灾情的实际状况，而富弼的青州救灾规模更大，因此更具挑战性。富弼有条不紊地调动了本地的粮食资源、住房资源、人力资源和山林河泊资源，快速组建起赈灾管理队伍，建立激励机制，既妥善安置了河北流民，又稳定了京东局势。

在富弼的领导下，京东一共救了多少人？按照《富郑公神道碑》的记载，"明年（1049），麦大熟，流民各以远近受粮而归，凡活五十余万人；募而为兵者又万余人。"当然也有其他材料说是三十余万人。不管五十万还是三十万，哪怕放在现代社会，都是极大规模的救灾行动。富弼青州救灾绝对是宋代救灾史上的壮举，值得大书特书。

七、宰相格局，运使大体

范仲淹、富弼基本上属于同一代际，也是士大夫政治的黄金一代。事实上，在他们之前，李沆、王旦、寇准的代际就已经具备了诸多儒家政治的美德。真宗朝，李沆任宰相，他奉为圭臬的是孔子在《论语》中所说的八个字："节用爱人，使民以时"。李沆认为，这八个字是朝廷国家实现长治久安的秘笈。上层要节约用度，不要奢侈浪费，只有这样才能真正做到爱惜民力；传统中国以农业经济为主体，农民靠天吃饭，非常讲究农时，因此统治者在使用民力时必须注意避开农忙时节，让农业生产得以按其自然节奏进行。

李沆之后做宰相的是王旦，王旦做宰相的时间非常长，深受真宗信任。《宋史·王旦传》记载了两件事：第一件"薛奎为江淮发运使，辞旦，旦无他语，但云：'东南民力竭矣。'奎退而曰：'真宰相之言也。'"江淮发运使是干什么的？顾名思义，就是负责把东南地区的财富发运到首都来。我们知道隋唐以后中国经济重心就转移到了江南地区，而朝廷国家的政治中心一直在北方。因此运河的重要性大大提升，通过运河，从南方汲取的物资源源不断地运到北方来补给中央，江淮发运使干的就是汲取、发运的工作。新任江淮发运使薛奎上任之前去辞别宰相，宰相跟他说的话是"东南民力竭矣"——东南地区的老百姓对朝廷国家的贡献已经到了极限了。而薛奎听了这个话之后的反应是什么？他发自内心地感慨"真宰相之言也"！为什么这是"真宰相之言"？宰相是做什么的呢？传统文献从来没有明确定义过宰相的职责，在宋人的政治观念当中，宰相不属于"有司"，它无所司，因此也就无所不司。传统时期说到宰相时往往会采取描述性的说法，笼统概括宰相"佐天子理大政"，或者说"燮和阴阳"。"燮和阴

宋·李嵩作《货郎图》

阳"翻译成今天的话,就是要保持一个阴和阳、天与人、朝廷国家与天下苍生之间的平衡,惟其如此,才能保持社会的稳定,让王朝国家的统治延续下去。作为宰相,王旦用"东南民力竭矣"告诫发运使国家对东南地区的剥削已经达到极限,必须有所收敛,而薛奎也深刻领悟,无比认同,所以他才会说"真宰相之言也"。

《王旦传》所记载的第二件事,是这样的:"张士逊为江西转运使,辞旦求教,旦曰:'朝廷权利至矣。'士逊迭更是职,思旦之言,未尝求利,识者曰:'此运使识大体。'"转运使的主要职能也是"收敛",为朝廷国家敛取财赋,所负责的是一个路。新任江西转运使张士逊拜别王旦,王旦对他"朝廷权利至矣"。"朝廷权利",就是朝廷(在地租以外)的专卖收入。朝廷的专卖收入已经无所不包了。此后,张士逊又做过几任转运使,想着王旦说过的话，因此从未"求利"，意思是说他只完成职责所规定的额度，不求多收来为自己谋取好处。所以有识之士说"此运使识大体"，"这个转运使识大体"。"大体"是什么？大体是仁义，是国家与社会之间的平衡。保持了这个平衡，也就维护了整个社会生产生活的稳定，奠定了王朝国家长治久安的基石。

从李沆的"节用爱人，使民以时"到王旦的"宰相之言"，张士逊的"此运使识大体"，我们可以看到这些北宋最优秀的士大夫，他们是懂得儒家政治的真意的。作为范仲淹、富弼的前辈，李沆、王旦开启了华夏群星闪耀时的先河。

八、儒家之治民："以不扰为善政"

范仲淹的同辈欧阳修，我们今天是把他作为文学家来纪念的。回到宋代，欧阳修的第一身份是士大夫，是士，也是大夫，是学者，也是官员。欧阳修年轻的时候，被贬到夷陵去做县令，在那个地方没有书读，只好把旧的卷宗拿来解闷。这一读读得脊背发凉，他发现冤假错案比比皆是。欧阳修自此立誓，凡是与老百姓有关的事情都必须严肃认真，"自尔遇事不敢忽也"。后来欧阳修身居高位，成为公认的文坛领袖，后辈来拜见，他却很少跟他们谈文学，谈的都是"从政"之事。欧阳修认为，他之所以能够官至高位，不是因为文章写得好，而是因为他始终以谨慎积极的态度为官理政。欧阳修做地方官的特点很突出也很简单，就是"不扰"，从不追求政绩，不追求轰轰烈烈，他的执政理念是"但民称便即是"，他以不扰为善政。欧阳修做过几任知州，总是静悄悄地来，静悄悄地走，好像什么都没做，但他走后，老百姓一定会怀念他。如果大家对欧阳修有兴趣，可以看刘子健先生的《欧阳修的治学与从政》。

以上，通过范仲淹，他的同辈富弼、欧阳修，他的前辈李沆、王旦，他的后辈王安石，我们可以看到北宋的华夏群星是如何秉持"大忠之义"事上和遇人的，他们重理想、守原则，有着实事求是的态度和一流的办事能力。在他们的努力下，北宋的政治呈现出帝制时期儒家政治的"最好成绩"。

九、探寻"最好成绩"的形成原因

那么，这种帝制时期儒家政治的"最好成绩"究竟是怎样形成的？它为什么会出现在北宋？我想强调的，首先是皇帝因素，其次是由皇帝因素造成的政治传统。

在皇帝制度下，"具体的皇帝"对于王朝政治影响至巨，而开国皇帝通常会塑造一个王朝的政治品格。北宋的开国皇帝是宋太祖赵匡胤。据说宋太祖给后世子孙留下了一块"誓碑",碑上是他的政治遗嘱,主要内容是三项:第一,厚待柴氏子孙;第二,不杀大臣;第三,不杀言事官。宋朝的皇位是从后周柴氏那里夺来的,取而代之后能善待,十分不易,足见宽厚。宰相大臣是朝廷国家的柱石,他们犯了错误不杀,最严厉的惩罚是贬到岭南去。言事官是专司批评、提意见的官,包括谏官、御史,这些官员也是不杀的。"太祖誓碑"的说法,是宋室南渡以后才出现的,究竟是否真实存在,学者有讨论。我个人同意的说法是:"太祖誓碑"的物理形态有没有,其实反而是不要紧的。要紧的是什么?不杀大臣、不杀言事官的政治传统,在北宋的确存在。范仲淹就曾经说过"祖宗以来,未尝轻杀臣下,此盛德之事也";程颐则认为"本朝有超越古今者五事",其中之一就是"百年未尝诛杀大臣"。而宋朝的言事官,无论批评朝政多么激烈,最多也就是调离言事岗位。换言之,"不杀大臣""不杀言事官",是一个从北宋历代皇帝的做法总结出来的经验事实,这个经验事实经过后来士大夫的总结提炼,成为公认的政治原则。因此,无论"太祖誓碑"的物理形态是否存在,鼓励批评的宽容政治氛围在北宋确实曾经存在。真宗有一个说法,是说本朝的朝堂政治原则是"且要异论相搅,使各不敢为非"。这句话固然可以做权术层面的解释——臣僚异论相搅,不敢为非作歹,便于皇帝控制,但我们也不妨对"异论相搅"做出相对积极、正面的解释,那就是在朝堂之上,不同意见可以互相竞争、互相讨论，具有仁、明、武三德的英明睿智的皇帝高高在上，最终择善而从，做出符合朝廷国家整体和长远利益的决定。当然，这是理想状态。方诚峰将这种理想的朝堂总结为"多元政治"。这一理想状态的实现，对皇帝，对宰相大臣，对整个官僚群体，都有着较高要求，它要求其中的任何一方都需要顾全大局，皇帝应当中正，能排除私欲；臣子须有"大忠之义"，永远"从道不从君"。这是儒家的理想朝堂。

这样的朝堂，在政策原则上，必然要追求的是"其于出政发令之间，一以安利元元为事"。这句话出自王安石的《论本朝百年无事劄子》，是王安石对太祖朝施政原则的总结。"安利元元"，就是要对老百姓有好处。这一原则适用于北宋前期。北宋末年孙傅对本朝列祖列宗的施政进行总结，说"祖宗法惠民"。这里的"祖宗"指的是王安石变法之前的太祖、太宗、真宗、仁宗、英宗五朝。宋朝的"祖宗"当然不会追求"为人民服务""一切从人民利益出发"，这个觉悟就太高了。他们真正追求的是赵宋王朝的长治久安，而要实现赵宋王朝的长治久安，就必须"安利元元"，必须"惠民"。这是儒家的仁政。用现在的话来讲，就是国家政策的制定、利益的分配，要考虑朝廷国家和天下苍生之间的平衡。

太祖本人是军人出身，军事政变上台。但是，战争没有让他看轻生命，相反，却让他珍惜生民性命，珍视和平稳定。宋朝开国一代的政治家，早在陈桥兵变之际，对于政权更替的原因早就有着清醒的认识，"兴王易姓，虽曰天命，实系人心"。所以，在返回京城之前，赵匡胤就和他的拥立者之间有了如下的约定："少帝及太后，我皆北面事之，公卿大臣，皆我比肩之人也，汝等毋得辄加凌暴。近世帝王，初入京城，皆纵兵大掠，擅劫府库，汝等毋得复然，事定，当厚赏汝。不然，当族诛汝。"然后，这支政变的军队"整军自仁和门入，秋毫无所犯"。对于人命、

宋太祖像

人心的重视，开启了北宋的仁政，取得了帝制时期儒家政治的"最好成绩"。

这"最好成绩"之中，有皇帝的因素，有士大夫的努力，有制度建设之功，有思想文化之力。陈寅恪先生在《论再生缘》中说"六朝及天水一代，思想最为自由"。天水一代指宋，赵宋以天水为郡望。陈先生是在讨论骈体文的写作时做出上述论断的。骈体文特别讲究形式美，高度讲究形式的文体，若能同时做到灵活自如的表达，需要思想的自由。而骈体文写得最好的，陈先生以为，是六朝和"天水一朝"，之所以能如此，是因为这两个时期，中国人的"思想最为自由"。我在政治文化的意义上同意这个说法，宋朝之所以能够成就"帝制时期儒家政治的最好成绩"，是因为宽容、多元，因为思想的自由。

但是很不幸的是，这种帝制时期儒家政治的"最好成绩"却未能长久地持续。从王安石变法开始，北宋的政治文化发生"法家转向"，"最好成绩"逐渐消退。我在《大宋之变，1063—1086》中详细描述了这一变化过程，那是我的历史叹息。下一次讲座，我将讲述北宋政治的"法家转向"。谢谢大家。

华夏群星闪耀时（下）

大变法与北宋政治的法家转向

一、"帝制时期儒家政治的最好成绩"
　　消失在"大变法"时期

各位同仁、各位同学，大家好！今天的讲座跟上一次的讲座是连续的，上一次是"华夏群星闪耀时"的上半部分。我认为，北宋前中期是中国历史上的华夏群星闪耀时，其本质，是新人创造了新的政治和新的文化，也就是说北宋的士大夫创造了帝制时期儒家政治的最好成绩。那是一个令人振奋的时代。但是，这种帝制时期儒家政治的"最好成绩"，很可惜，未能够长久延续下去。今天我们就来谈一谈它为什么没能够延续下去。这是"华夏群星闪耀时"的下半部分，我给它一个副标题"大变法与北宋政治的法家转向"。"大变法"造成了北宋政治的"法家转向"，导致儒家政治的"最好成绩"走向消失。

二、"只当是时，诸贤都有变更意"：
　　改革是大忠的必然诉求

神宗朝那场几乎尽人皆知的大变法，通常被称为"王安石变法"。但事实上这场变法分为两个阶段，神宗有两个年号，一个是熙宁，一个是元丰。熙宁年间的变法，是王安石引领、神宗积极支持，"上与安石如一人"，神宗作为强有力的后盾，支持王安石在前台推行变法。元丰时期，王安石退归金陵，完全退出政坛，神宗持续推行王安石的新法，并且又进一步的推进。所以，现在越来越多的学者使用"熙丰变法"来称呼那一场由王安石开启、贯穿了此后神宗朝的大变法。我在这儿提到的"大变法"就是指"熙丰变法"。

在我们的历史课本上，"王安石变法"是一场重要改革，是积极的、进步的；甚至，就宋代历史而言，"王安石变法"就等于"改革"，等于"进步"。于是，反对"王安石变法"就等于"反对改革"，等于顽固、保守（贬义的）。但是，如果我们能够心平气和地回望历史，就会发现，改革积弊是当时有识之士的共同呼声。南宋的朱熹说，"只当是时，非独荆公要如此，诸贤都有变更意"。"大忠之臣"以"江山社稷""朝廷国家"为忠诚对象，必然会放眼现实，敢于发现问题，勇于批评，并积极图谋解决。可以说，批评和改革是"大忠之臣"的必然诉求。1043年，在《答手诏条陈十事疏》中，范仲淹对本朝当前的局势和面临的问题做出了如下判断："我国家革五代之乱，富有四海，垂八十年，纲纪法度，日削月侵，官壅于下，民困于外，夷狄骄盛，寇盗横炽，不可不更张以救之。"即便

宋神宗像

明代摹本·王安石像

是我们今天通常认为顽固保守、反对变革的"王安石的反对派"司马光，实际上也有"变革意"，只不过，司马光所追求的，是一种保守主义的改革——我以现代的，更为积极的意义上使用"保守主义"这个词。司马光这样表达他的保守主义的改革理念："治天下譬如居室，敝则修之，非大坏不更造也。大坏而更改，非得良匠美材不成。"司马光强调的是，在保守既有成就的基础之上改革弊端，而不是把旧的推翻，一切从头来过。这种保守主义的改革，在实践中其实是一种更为困难的改革。

"诸贤都有变更意"，"诸贤"都爱宋朝，希望宋朝更美好，但是"诸贤"所认同的改革方案、改革方向有所不同。王安石变法之前，宋朝曾经有过一次改革事件——"庆历新政"。相较于王安石变法来讲，"庆历新政"是一次方向正确的失败改革。改革积弊的方向是对的，但改革最终陷入失败。庆历新政的改革方向与路径，张帆在《中国古代简史》中这样总结："改革方案分为'十事'……其中前五事有关吏治……具体思想，大致是欲强国，先富民，欲富民，先澄清吏治，澄清吏治则先裁冗滥，继任贤才。"范仲淹认为宋朝建国八十年之后，最大的问题是官僚队伍冗滥，缺乏效率，所以改革首先要对吏治下手。范仲淹的《答手诏条陈十事疏》通常被认为是他的改革纲领，"十事"中前五事都是有关吏治的，要对官僚集团的既得利益开刀下手。改革的整体思路是先要裁汰冗滥，对官僚队伍进行大精简，减员增效，由此给社会更多的发展空间，让社会富裕起来，这是富民；富民之后才是强国。这是范仲淹的改革逻辑，它符合宋朝国家的真实状况。但是很不幸，新政很快陷入失败。

张帆的《中国古代简史》将新政失败的原因总结为两条：第一，范仲淹等人直接从整顿吏治下手，与同属既得利益者的整个官僚集团为敌，难度、阻力过大，众寡悬殊。这个我同意。第二，范仲淹一派因与吕夷简等资深官僚斗争而得名，上台后仍未尽除朋党之习，自命君子而以小人责人。这个观点可以上溯到南宋的朱熹。朱熹批评改革者，"你们自认为君子，那么别人就会自认为小人吗？"君子、小人，都是主观判断，改革派"自命君子而以小人责人，如此，团结中间力量不够，置己于孤立无援之地，更使失败加速"。这条我也同意。但庆历新政失败的原因绝不止于此。我们后面再讨论。

三、"大变法"至少并未失败

王安石变法距离庆历新政只有二十五年。因此，从庆历新政到王安石变法，国家还是那个国家，朝廷还是那个朝廷，换句话说，问题其实没怎么变。但是，王安石变法和庆历新政这两场改革的目标和方向却大不相同。庆历新政要改革吏治以富民，富民然后强国。王安石要富国强兵，以富国支持强兵。

王安石变法，我认为是成功的，至少没失败。之前的历史叙述通常认为，王安石变法是失败的。我凭什么说王安石变法是成功的呢？这里需要略加分说。我们要衡量变法究竟是成功还是失败，首先需要明确衡量标准。传统的历史教科书说变法失败是因为王安石离开了相位下台了，以王安石的下台来判定变法的成败，这个标准，我认为是不成立的。王安石下台之后，他的"得意门生"宋神宗继续推行王安石的各项新法，大变法继续推进。因此，王安石个人政治生涯的结束绝不等同于变法的失败。衡量变法成功与否的标准，要看其目标的实现程度，如果所设目标达成，那么就应该认为变法成功。王安石变法的目标是理财富国，以富国支持神宗所主导的强兵拓地。从这个意义上来讲，理财是王安石变法最核心的目标，那么，这一目标的实现结果如何呢？"熙宁、元丰之间，中外府库，无不充衍，小邑所积钱米，亦不减二十万。"到神宗过世的时候，国库里封桩的财富是非常丰厚的。这笔财富是新法的主要收入，另册保管，非有特殊用途不得动用。有人曾经提醒过司马光，要他先去看一看国库里到底有多少钱，清点一下，再往前走。但是很可惜，司马光没能这样做。倘若我们承认理财是大变法的核心目标，并且注意到宋神宗对王安石路线的继承和发扬，那么，必然会同意王安石变法是成功的。

四、"大变法"的政治影响：北宋政治的法家转向

在这里，我不想就王安石变法在财政方面的影响做过多批评，我也不认为王安石变法就使宋朝经济陷入了停滞。我想说的是，大变法在政治上对于宋朝的影响，它造成了北宋政治的法家转向。

北宋政治自开国到仁宗朝，取得了帝制时期儒家政治的"最好成绩"，换言之，在法家的极端理想状态和儒家的极端理想状态之间，实践中的宋朝政治向儒家偏移，呈现出"允执厥中"的状态，并且在许多方面取得了治理成就，形成了相对而言比较自由、宽容、允许批评的政治局面。王安石变法，可以说是这种"最好成绩"结出的硕果，但也最终导致这种美好的状态遭到削弱乃至消失不见。以下，我要从做法、说法、施政方式和士风等角度来看王安石变法如何造成了北宋政治的法家转向。

1. 做法

"做法"方面，我举两个例子。

一是"雕版檄文战韩琦"。韩琦是仁宗、英宗、神宗的三朝宰相，老臣元勋；对于神宗的父亲英宗的上台，以及神宗的即位这两次最高权力的交接，韩琦都起了定盘星、中流砥柱的作用。他辅助英宗从宗室入继大统，帮助

神宗渡过了刚刚即位那段时间,当神宗"一朝天子一朝臣",不再需要他的时候,韩琦很顺服地离开首都去外地做官。对于神宗而言,韩琦的忠诚毋庸置疑。

王安石的"青苗法"开始推行时,韩琦正在河北做官,韩琦上疏严厉批评"青苗法"。韩琦的奏疏深深地打动了神宗,神宗发生了动摇。王安石以退为进,居家养病。一番拉扯过后,神宗妥协,王安石恢复工作,神宗授权王安石处理那些批评"青苗法"的文章。首要解决的,就是韩琦的弹章。王安石将韩琦的奏疏交给"变法领导小组"制置三司条例司,制置三司条例司对韩琦所奏进行了逐条批驳。文章经王安石亲自润色,雕版印刷,发放全国,以便统一思想。王安石的做法,应当是中国乃至人类历史上第一次将雕版印刷技术应用于政治斗争。而韩琦的奏疏则

楼璹作《蚕织图》

元代程棨摹·楼璹作
《耕织图》

没有获得同等待遇。

二是吕惠卿对李常的警告。李常受王安石推荐，入朝担任谏官。李常就职之后，对"青苗法"展开了激烈批评。王安石的得力助手吕惠卿找到李常，当面警告他说："君何得负介甫？我能使君终身不如人。"这两句话，"我能使君终身不如人"，是赤裸裸的威胁，君子不为。前面一句"君何得负介甫"，性质更加恶劣。王安石推荐李常，是为国举才；李常批评"青苗法"，是为国言事；李常与王安石，皆天子大忠之臣，李常虽得王安石之荐，然非王安石私人，李常为谏官，批评青苗法，是履职之举，于安石无所负，而吕惠卿则曰"君何得负介甫"，将王安石、李常的关系庸俗化为私人恩怨，从而背离了北宋前期所秉持的"大忠之义"。

以上是做法，时间关系，我们只举二例。

2. 说法

做法上偶尔出问题,其实并不可怕,能够把错误的做法说通,给它一个合理的解释,从而动摇既有的是非标准,使底线发生实质性的后撤,这才是真正可怕的。上面所引的"吕惠卿威胁李常"的例子中已经蕴含了"说法"的潜在移易。下面再举一例,证明大变法时期"说法"的变化和底线的后撤。

曾经发生过这样一件事,王广渊在京东(大致相当于现在的山东)推行新法,引发强烈批评,状告到皇帝跟前。王安石为王广渊辩护,他首先告诉神宗"广渊在京东功状",也就是王广渊在京东究竟取得了哪些成就,接下来说了一段很有意思的话,他说:"广渊为人,诚不可知(我也不是很了解他)。然见陛下欲责功实,乃能趋附,以向圣意所在(他看到陛下推行新法,想要充实国库,能够积极主动地趋附圣意)。"王广渊迎合上峰,这是好事。为什么?"古者设官,谕主意所好恶,使民辟行之(上古圣王的时代就曾经设置官职,专门宣谕君主的好恶,让老百姓避君所恶,行君所好),恐不当罪其迎合也。"上古都如此,可见迎合无罪。

王安石为王广渊辩护所引出自儒家经典《周礼》,《周礼·秋官·掌交》原文是:

> 掌交,掌以节与币巡邦国之诸侯及其万民之所聚者,道王之德意志虑,使咸知王之好恶,辟行之。

首先要明确一点,今人和古人对待儒家经典的态度存在本质区别。我们今天把它当作史料——不管是思想史的史料,还是普通历史的史料,而传统时期的读书人则把儒家经典的语句视为真理本身。但是,儒家经典的语句往往是多义的,因此,这些真理性的文字又要借助后来的解释,而后来的解释可以多歧。如,《周礼·秋官·掌交》这一段,王安石所做的引申解释是"不当罪其迎合",而迎合有理与儒家道德多有扞格。

关于"掌交"之官,儒家经典不乏更加符合道德的解释。比如,《礼记·缁衣篇》有:

> 子曰:"上人疑则百姓惑,下难知则君长劳。"故君民者,章好以示民俗,慎恶以御民之淫,则民不惑矣。

这段文字可以用来解释掌交之官的设置缘由。孔子说:"在上者犹疑,主张不定,就会让百姓(这里的百姓更确切地说,是指百官,统治阶级)感到困惑,无所适从;难以得知下面情况,必然使君主劳神费力。"因此,治理国家的人,就要明确向百姓昭示什么是对的,什么是好的,什么是不好的，好恶都要慎重，都要明明白白的，让老百姓不困惑，才能移风易俗。《礼记·缁衣篇》的解释毫无疑问更加符合儒家道德。《孝经·三才章》则有更简单的说法"示之以好恶，而民知禁"。

以上这些材料，我才疏学浅，需要通过数据库检索得来，但王安石是那个时代最有学问的人之一。这些儒家经典的说法，他不可能不知道。然而，他却做了"不当罪其迎合"的解释。仁宗景祐四年，丁度侍讲经筵（也就是皇帝读书班），在"示之以好恶，而民知禁"的基础上，对皇帝提出告诫，说："水随器之方圆，若民从君之好恶，是以人君谨所好焉。"君主的好恶决定着社会风俗。因此，君主一定要谨慎对待自己的喜好，要做出符合儒家道德的选择，为民之表率。同丁度相比，王安石岂不愧怍？！

3. 施政方式的转变

新说法、新做法汇集、沉淀而成新的施政方式，彻底改变了政治的面貌。

北宋前中期的施政方式是什么？不同的意见可以共存于朝堂之上，持不同意见的臣僚可以共立于朝堂之上，有所讨论、有所竞争，甚至有所斗争。上边有一个高高在上、拥有至高无上权力，同时又具有仁、明、武三德的皇帝，他高居拱默，垂衣拱手，在讨论完成之后做出最佳选择。这个选择是更加符合江山社稷的整体和长远利益的。这是大变法之前的施政方式——"异论相搅"。

学者认为,王安石变法时期开始出现了一种新型施政方式——"国是政治"。其特点是皇帝与一二宰执(而不是宰相集体,更不是士大夫群体)共同确定一个唯一正确的方针政策,即"国是"。"国是"一旦确立,朝廷国家即以"国是"定去取、决是非。"国是"具有压倒一切的地位和排他性,不容置疑,不容讨论,不容批评。倘若"国是"是相对抽象的原则,比如说行仁政,那没有任何问题,但"国是政治"的"国是",通常表现为相当具体的方针政策以及用人原则。"国是"是非常具体的,王安石变法中的所有措施都属于"国是",拒绝质疑。因此,那些不同意"国之所是"的、持反对意见的人,就必须离开。在神宗朝,反对派基本上都离开首都去了外地。葛兆光老师有一篇文章,题目就是《开封与洛阳》,开封是朝廷国家的首都,是政令之所出;洛阳是"反对派"的城市,居住着那些反对当时政令的人,比如司马光就跑到洛阳当一个史学家。"国是"对于异论的打击,在神宗朝,还相对温和,只要靠边站就可以。但"国是"之中隐含着政治压迫的极大可能性,因为"国是"说一不二,更因为"国是"具体,不是简单抽象的原则,而是非常具体的路线方针、政策措施和用人原则。

"国是"的极端形态,就是南宋的权相政治,如刘子健先生所言,"君权独运,权相密赞,其他所有的大臣,竟不知底蕴。一般士大夫,更不能闻问"。宰相大臣拥有参与决策的权力,然而"竟不知底蕴",普通官员参政议政的权力则被完全剥夺,国家的大政方针、政策走向,取决于皇帝和权相,这就是"权相政治"。"权相政治"是南宋政治的显著特征,而其开端,我以为,可以追溯到神宗朝的"国是政治"。

4. 士风转向,官僚的工具性增强

大变法时代,官僚的工具性大大增强了。举两个例子,一个是"三旨宰相"王珪。我们通常认为王安石是神宗朝最重要的宰相,但是王安石从参政做到宰相前前后后加起来也就七年,神宗使用时间最长的宰相,是王珪,"珪自辅政至宰相,凡十六年"。十六年间,此人"无所建明,守成而已",没有什么主意是他拿的,没有什么问题是他解决的,他没有任何独立的贡献。王珪最大的特点就是听话,时人给他起了个外号,叫"三旨宰相"。什么叫"三旨宰相"呢?别人向他请示,他不拿主意,要上殿进呈,找皇帝"取圣旨",这是第一旨;"上可否讫",皇帝拿了大主意之后,他说"领圣旨",得到了皇帝的批示,这是第二旨;王珪退下来,告诉请示者"已得圣旨"如何如何,这是第三旨。"三旨宰相"王珪才是神宗朝宰相大臣更具普遍性、代表性的形象。相比之下,王安石才是个例外,因为王安石是在神宗的皇帝成长期做宰相的,当时神宗操作皇权的技艺还不够成熟,所以,王安石在前、神宗在后,安石掌舵、神宗支持,"上与安石如一人"。等到神宗完成了他的帝政学习,成为一个成熟的皇帝之后,王安石适时离开,神宗一个人承担了之前王安石和神宗两个人的角色,宰相大臣都变成了王珪这样的。就其本质而言,"三旨宰相"的存在是对宰相制度的削弱乃至破坏。皇帝制度之下,皇帝世袭,"具体的皇帝"可能存在政治经验、政治能力不足的问题,而宰相是通过制度层层选拔上来的成熟的政治家,可以弥补皇帝的不足,宰相要帮助皇帝看清形势、做出符合朝廷国家利益的选择,如欧阳修所言,"天子曰不可,宰相曰可,天子曰然,宰相曰不然,坐乎庙堂之上,与天子相可否者,宰相也"。但是,"三旨宰相"是不可能发挥此种功用的,王安石之后的宰相大臣,在神宗面前保持着这样一种高级秘书的状态,起不到宰相应当起的辅弼作用。因此,当神宗真正遇到他单凭个人智力无法解决的困难和问题时,朝廷国家的大麻烦就来了——那种能够独当一面、砥柱中流的政治家,很难培养出来了。这是一个很大的麻烦。

关于官僚的工具性,以上是第一个例子"三旨宰相"王珪,他的存在最终指向的,是国家最高决策能力的削弱。

第二个例子是"理财第一能臣"吴居厚。吴居厚其人,从元丰三年(1080年)六月到元丰八年(1085年)四月,将近五个整年的时间里,担任京东转运使。北宋的京东大致等于今天山东,是国家财税的重要来源地,转运使就是负责一路税收的官员。吴居厚有多能干呢?他的前任连如额征收都做不到,而他能够在既定额度之外增收很多。这个人就有这个本事。元丰六年,神宗批示:"居厚将命一道,不辱使指"(吴居厚做京东转运使,没有辜负上级的信任),无黩乎上,不扰乎下,不喧于闻,而于二三年间坐致财用数百万计,前日县官窘迫,一朝变为宽纾。经费之外,又能应缓急之求。内外理财之臣,未有出其右者。"用现在的话来说,吴居厚就是神宗心中的"理财第一能臣"。神宗甚至还命令户部总结吴居厚的做法,打算向其他路推行。吴居厚理财京东,说他"无黩乎上",是没有问题的,收的足够多,但是,"不扰乎下,不喧于闻",真的是这样吗?京东人恨他,"京东之人,恨不食其肉"。神宗过世,京东地区爆发了小规模民间反抗(学者公认,宋朝没有汉、唐、元、明、清那样的大规模农民起义),"京东剧寇欲取掊克吏吴居厚投之铸冶中"。"掊克吏",聚敛之臣。京东人痛恨吴居厚,想要把他投到炼铁炉子里烧死。为什么是炼铁炉子呢?因为"居厚之所经营,如民间禁补修旧铁器,一一要从官买",吴居厚的官府支着炼铁炉子,却禁止老百姓自己打铁,他造了很多锅,规定老百姓四口买一口锅,五口买两口锅。传统社会,谁家要那么多的锅啊?而且为什么非要打你这儿买?!这就是吴居厚的理财

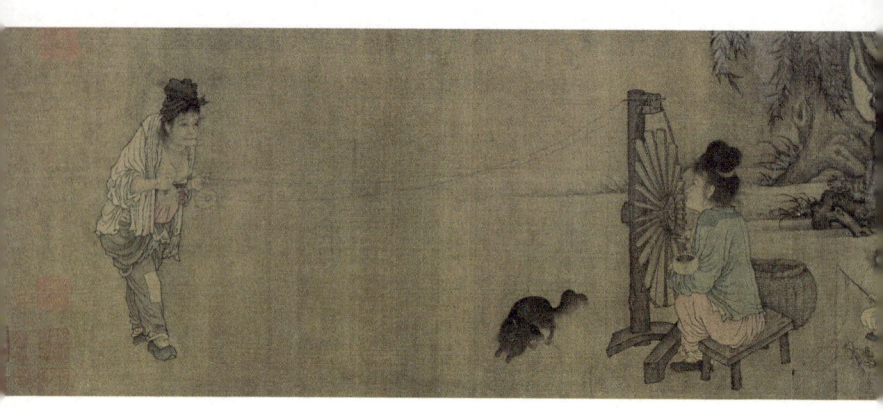

宋·王居正《纺车图》

之道。上级交办的任务，他超额完成；人民的死活，他不在考量。

王安石在为王广渊辩护时说"恐不当罪其迎合"，吴居厚是迎合的典范。倘若我们相信神宗的批示，王安石最初所说的，"天下不患无财，患在理财不得其人、不得其法"，善理财之人，"民不加赋而国用饶"，吴居厚似乎是真的做到了，但从京东人民的角度来看，根本就不是那回事。

绍圣四年（1097年），朝廷考虑用吴居厚来做户部尚书（财政部长），同属变法阵营的曾布表示反对，举的也是吴居厚"将命京东"的例子，他说"前日之京东，今日之京东，与居厚在彼时，宜无以异"，京东还是那个京东，但别人收不足额，而吴居厚却能多取，"不知居厚何术独能致此羡余（多收的）？"曾布自问自答，"非取之于民，何所从出！"

作为神宗亲自表彰的理财第一能臣，吴居厚是上面的工具，他能够高效完成上级交办的任务，但是，他的心中已无是非，"涸泽而渔"究竟会给老百姓造成什么样的负担、会不会引起反抗从而引发社会动荡，他是不关心的。"水可载舟，亦可覆舟"的儒家治理信条，他嘴上会说，但并不真信。在吴居厚的身上，非常极端地体现了官僚的工具性。

5. 政策转向：从惠民到惠国

靖康元年（1126年），新任兵部尚书孙傅回顾历史，这样总结本朝列祖列宗的法度："祖宗法惠民，熙、丰法惠国，崇观法惠奸。"孙傅的判断，"时谓名言"，在当时深得士大夫赞成。法度，在这里可以理解为朝廷国家政策措施的总体追求。"祖宗法"指的是熙丰以前的，太祖、太宗、真宗、仁宗、英宗五朝的法度。"祖宗法惠民"，可与王安石"出政发令之间，一以安利元元为事"的说法相呼应，祖宗的法度所追求的目标和所达到的效果，是对老百姓有好处。这种态度，用现代话语来说，是追求国家与社会之间的平衡；用儒家话语来说，是行仁政。熙宁、元丰是神宗朝仅有的两个年号。熙宁初王安石变法，元丰年间神宗继续推行新法。"熙丰法惠国"，对朝廷国家有好处，对政府有好处。以富国支持强兵，这是"熙丰法"的目标和效果。"熙丰法"之后还有"崇观法"。崇宁、大观是徽宗的两个年号，崇宁的意思是崇尚熙宁，从崇宁开始，徽宗标榜彻底转向熙宁，但其实质是变了味的。"崇观法惠奸"，只对奸臣有好处，只对皇帝的私欲有好处。孙傅当然不敢直指皇帝，所以他说"崇观法惠奸"。孙傅的总结明确揭示，大变法究竟改变了什么？那是朝廷国家治理目标和政策导向的彻底转变，祖宗法惠民，是儒家之政；熙丰法惠国，北宋政治发生法家转向。

五、追问：法家转向的发生原因

接下来我们要追问政治转向发生的原因究竟是什么。

1. 晁仲约故事的深意

我想回到庆历新政。庆历新政迅速夭折的原因，学术界通常归结为两条：一，新政触动了官僚集团的利益，阻力过大；二，改革派自认君子，视别人为小人，不能够团结大多数，引发了更大的阻力。除此之外，还有没有更深层次的原因？

给诸位讲一个有趣的故事，晁仲约事件。范仲淹和富弼是庆历新政的两大主要领导者。范仲淹当时是参知政事，富弼是枢密副使，受皇帝的信任推行新法。这时候，高邮附近闹土匪，眼看着要打到高邮城。硬碰硬，高邮的兵是不够的。于是乎，高邮知军晁仲约想出一个好办法来。他召集富户商定，大家各自出一点钱，犒匪。土匪想要的，不就是酒肉财货吗？果然，心意送到，土匪绕道，高邮安全了，但是晁仲约麻烦了——有人就把晁仲约告到中央。为此，范仲淹和富弼之间发生了激烈争执，最终，范仲淹说服仁宗，不杀晁仲约，而富弼仍然觉得晁仲约该杀。

退下来之后，范仲淹和富弼二人继续争论。富弼比范仲淹小15岁，范仲淹是富弼的老师兼媒人，由他推荐，富弼做了晏殊的女婿。富弼当时39周岁，血气方刚，义愤难平，他说："方今患法不举，举法而多方沮之，何以整众？"我们推行新法如此困难，不如杀了晁仲约来杀鸡儆猴，敲山震虎。范仲淹推心置腹，向富弼解释为什么晁仲约不能杀，"祖宗以来，未尝轻杀臣下，此盛德之事。奈何欲轻坏之？！且吾与公在此，同僚之间，同心者有几？虽上意，亦未知所定也。而轻导人主以诛勠臣下，他日手滑，虽吾辈亦未敢自保也。""虽上意，亦未知所定也"，是一句很有意思的话，透露出范仲淹内心深处对于皇帝信任的不确定。

但是，富弼还是不服气的，"富公终不以为然。及二公迹不自安，范公出按陕西，富公出按河北，范公因自乞守边"。后来改革失败，两个人都离开中央，范仲淹去了陕西就再也没有回朝。富弼去了河北，回朝时受到诬告，"及国门，不许入"，明明到了开封城外了，却不被允许进入，富弼"未测朝廷意，比夜彷徨不能寐"，这时候，他想起范仲淹说过的话，顿觉颈部发凉，"绕床叹曰：'范六丈，圣人也！'"姜还是老的辣，不服不行。事非经过不知难。此时的富弼才知道范六丈明见万里、洞察先机了。

我们从晁仲约事件来观察庆历新政，可以看到，"上意未知所定"，君臣之间信任的牢固度不够，足以支持改革措施轰轰烈烈的开始，却不足以支持改革冲破层层阻力；范说"他日手滑，虽吾辈亦未敢自保也"，富叹"范六丈，圣人也"，言语之间所流露的，是内心深刻的恐惧，皇权对士大夫露出獠牙，富贵荣华土崩瓦解，身家性命灰飞烟灭，都是皇帝一念之间的事情，恐惧可不深哉！庆历新政期间做过103天宰相的杜衍也曾经感慨："君臣之间，能全始终者，盖难也！"

2. 在悼念中反思

皇祐四年（1052年），范仲淹过世，借悼念之机，改革派进行了集中反思。富弼在《范仲淹墓志铭》中回顾新政的开端，"公（指范仲淹）将劘以岁月而人不知惊，悠久之道也。上方锐于求治间，数命公条当世急务来。公始未奉诏，每辞以事大，不可忽致"。范仲淹明白，改革积弊，"事大，不可忽致"，想要让新政稳定持久，必须慢慢来，"劘以岁月"，"人不知惊"，才是悠久之道。富弼说的是不是当时的真实情况？可能是，可能不是。我们唯一可以确认的，是十年之后，富弼反思庆历新政，从失败中看到了成功之道——只有温和渐进的保守主义的改革才是更可行的。

　　同属改革阵营的欧阳修在反思中看到了团结的重要性，他强调和解。富弼给范仲淹写了墓志铭，欧阳修给范仲淹写了神道碑。欧阳修的《范仲淹神道碑》，范仲淹的儿子范纯仁是拒绝的，因为其中有一句话，范纯仁以为不实。这句话是"二公欢然相约，勠力平贼。"二公指范仲淹与吕夷简，吕夷简是比范仲淹、欧阳修更老一辈的政治家。范仲淹、欧阳修这些人都是凭借着对吕夷简的批评起家的，他们也因此受到吕夷简的排挤，遭到贬谪。宋夏战争爆发，吕夷简还朝主政，范仲淹被从贬所召回来，调往陕西前线主持防务，路过开封时，二人见过一面。范吕相见，二人之间究竟发生了什么？欧阳修说"二公欢然相约，勠力平贼"，意思是范吕相逢一笑，旧仇都泯，达成和解。吕在中央，范在边疆，说二人"勠力平贼"，是没有问题的。但是，范吕相逢是否"欢然"？范纯仁坚决反对，说"吾翁未尝与吕公平也"，我父亲在内心深处从未与吕夷简达成和解。最终，范纯仁把欧阳修的原稿"刊去二十余字"才刻石，刻完之后，做了拓片，给到欧阳修。欧阳修拿到拓片，说"非吾文也"，这不是我的文章，我的文章里面必须有"欢然"和解。

　　欧阳修非要在范仲淹的神道碑上写上"二公欢然相约勠力平贼"，为什么？因为这个时候的欧阳修成熟了。墓志铭深埋地下，神道碑高耸于地面，属于纪念碑性质，人人得见。当然，在宋朝，即便是墓志铭也会做拓片，有流传。这些刻在石头上的文字，写的是死人，为的是活人。欧阳修坚持在范仲淹的神道碑上刻上"欢然"，是因为，进入晚年的成熟的政治家欧阳修认为"欢然"是必要的。

追求和解，在团结的基础上扩大支持面，进行温和渐进的保守主义改革，才是可行的；改革成败的关键因素是皇帝，而君臣关系又是如此敏感脆弱，在这对关系中，臣子处于绝对劣势。这就是范仲淹死后改革派的反思。下一讲我会从理论上对皇帝制度做更多的思考。

3. 皇帝制度的偶然与必然

从庆历新政到王安石变法二十五年，国家所面临的问题没有发生变化：财政困难、官僚集团人浮于事、政府效率低下。但是，这两场改革的目标其实是截然不同的：庆历新政以富民为追求，排在第一序位的改革措施是整顿吏治、提高政府效能；王安石变法以理财富国为目标，以富国支持强兵。

发生这种变化的原因，我以为，必须从"具体的皇帝"身上去寻找。仁宗朝旷日持久的皇位继承危机，导致英宗心理扭曲，四年的短暂统治颠倒失措，致使神宗必须"大有为"建功立业，为父亲的继统正名。

仁宗和英宗是一对在内心深处抵死不愿相认的非亲父子。就亲密关系而言，仁宗绝对是个可怜人，生母至死不

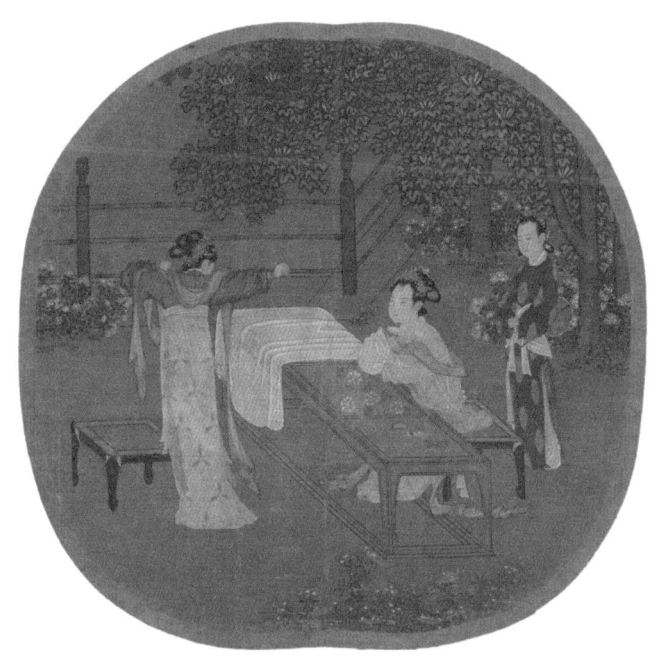

南宋·刘松年作《宫女图》

能相认，结发的郭皇后因双方的任性被废、最终非正常死亡，深爱的张贵妃早亡，相守到死的曹皇后中年失欢，唯一在他生前出嫁的公主所嫁非人、婚姻以悲剧收场。仁宗最可怜的地方，是他没能养活下一个儿子，后继无人。英宗是仁宗的叔伯侄子，四岁时曾进宫生活。其意义等于"招弟"。仁宗的亲生儿子相继夭折之后，英宗就成为仁宗所有侄子当中最耀眼的一个。而英宗自身对自己也是充满期待的，自我要求甚高，生活俭朴，像个读书人。仁宗死前八年，曾经中风，差一点就过去了。仁宗生死未卜之际，宰相大臣已经准备推戴英宗上台，毫无疑问这是一个阴谋，风险巨大，作为拥戴的对象，英宗不可能不知情。这件事情的结果是平安无事，可是英宗在其间曾经遭受怎样的心理折磨，是可以想见的。继承人问题突出，宰相、台谏议论甚多，而仁宗就是不甘心。苏辙考制科的时候曾经跑题批评仁宗后宫多宠，实际上这青年涉世未深，不能理解他的皇帝——仁宗所追求的哪里是个人的欢娱，他是在博命生子。但很不幸，他后来再也没能诞育皇子。拖到临死之前八个月，仁宗才终于收养英宗为皇子。皇子，还不是皇太子。仁宗过世，英宗即位。英宗即位之后，仁宗的皇宫里面还有一个可能诞育仁宗亲生子的孕肚，尽管最后证明是假孕，但我们可以想象英宗受到的压力。

英宗即位以前，特别是仁宗中风之后的几年所遭受的超强压力，使得他的精神高度扭曲。仁宗到死也不太愿意承认自己没有亲生之子，而英宗在位四年的种种表现，则表明他自始至终都不愿意承认仁宗是他的父亲。可是，英宗的皇位打哪儿来的呢？英宗皇位的合法性来源于仁宗对他的承认，英宗对仁宗的不愿承认在实践上表现为对生父濮王的超规格尊崇，这在实际上引发了官僚集团的对立和分裂，造成了思想上的混乱。

英宗从旁支入继大统，却表现得不像一个好皇帝。这就赋予了他的亲生儿子神宗一个巨大的光荣责任，那就是要证明自己是一个伟大的皇帝，进而证明他父亲即位的合道性。如何证明？开疆拓土，制礼作乐，大有为。而这些，都是要花钱的。但是，神宗刚即位的时候，国家所面临的问题是冗官冗兵、财政困难，所有人都跟神宗说没有钱，神宗也表达过节用爱民的美好愿望。但是，王安石跟他说，国家是有钱的，只是患在理财不得其法。神宗如何能不爱王安石？！

王安石并非神宗理财人选的第一选择。王安石此前虽然也曾经在三司任职，但他并不以理财著称。当时宋朝的第一理财能臣，是张方平。神宗的第一选择也是张方平。但是，很不幸，张方平出任参知政事，正要展开工作，他父亲就过世了，张方平只好去职丁忧。张方平丁忧之后空出来的位置，最终被王安石填补。

大变法之初，神宗跟王安石之间出现过反复拉扯。这些理财之法，在批评者看来，都是聚敛之法、政府增收之策，与本朝的祖宗之法不同。神宗既然想要当大有作为的皇帝，每当批评袭来，难免动摇。而每当神宗动摇的时候，王安石都能把他拉回来。为什么？因为只有王安石能以理财支持他的开疆拓土、大有作为。

站在上帝视角观察，从庆历新政到大变法，历史的河流之所以如此走向，这其中有极其偶然的地方。如果英宗是仁宗的亲生儿子，那可能就是另外一个故事了。如果张方平的父亲不是那么长寿，或者再多活几年，也可能是另外一个故事。读书至此，怎能不感叹偶然的重要性。

六、也说"士贱君肆"

最后，我想回应一下余英时先生在《朱熹的历史世界》中提到的"打破'士贱君肆'的成局自始至终是宋代儒家的一个最重要的奋斗目标"。北宋中期取得了帝制时期儒家政治的"最好成绩"，但是，有没有可能打破"士贱君肆"的成局呢？

关于"士贱君肆"，余先生引的是南宋的材料。事实上，"士贱君肆"的说法，在北宋已相当常见。比如，苏轼在《张方平墓志铭》的铭中说："大道之行，士贵其身，维人求我，匪我求人。秦汉以来，士贱君肆。区区仆臣，以得为喜。功利之趋，谤毁是逃。"张方平是三苏的伯乐和恩师，是苏轼、苏辙非常敬重的人。"士贱君肆"出自《扬子法言》，扬雄的原话是："周之士也贵，秦之士也贱；周之士也肆，秦之士也拘。"扬雄的说法蕴含着他对大历史分期的认识，周行封建，秦行帝制，从周到秦，从封建到帝制，君-士关系发生了重大转变。在封建的周，大道之行，士的身份自由而尊贵，可以安意肆志，在君-士关系中占据主动，是君求我，而非我求君。至秦，实行帝制，士的身份卑贱化，行为拘束，选择余地狭窄，在君-士关系中变得被动，士要向君求，求职求富贵，士对政权的依附性增强。在长期的"士贱君肆"态势之中成长出来的官僚,匍匐在权势脚下,仰其鼻息,"区区仆臣,以得为喜"。

从公元前221年到1911年,是中国的帝制时期。在这个漫长的历史时段当中,今天的历史学者,包括余英时先生,也包括我本人,常常特别赞美宋代的士大夫政治。但宋代的士大夫,毕竟是秦汉以来的"贱之士",是帝制之下的士。而且,倘若我们拿"宋之士"与"东晋之士"相对照的话,就会发现,"宋之士"是贱于"东晋之士"的,甚至是贱于"隋唐之士"的。为什么这样说?按田余庆先生的说法,东晋的门阀政治是皇权政治的变体,士族门阀和皇权之间曾经有过"王与马共天下"的权力格局,士族享有政治、经济、文化、社会诸方面的特权,士族政治之下的世家大族,有大地产做支撑,可以仕、可以不仕,不做官的话,也可以有很优裕的生活。直至唐代,高门士族的政治特权被削弱,但社会地位不减,甚至拒绝与皇族通婚。而宋代的士恰恰是"千年田换八百主"时期的士,宋代的士缺乏稳定的土地、财产作为支撑,要靠做官来养活家小,在经济上、政治上和社会地位上都高度依赖皇帝。

我所称道的北宋前中期的帝制时期是儒家政治的"最好成绩",就出现在这种权力结构之下,在其中起主导地位的士大夫通过科举晋身统治阶级,"天子门生"是他们高贵的出身印记,一旦进入中高级官员的行列,他们便获得了令清人艳羡的丰厚待遇与特权，家族地位也得到提升，然而，若后代子孙无法持续获得科举成功，那么，家族地位的衰落也是可以预见的。当皇权成为几乎唯一的权势来源，士不可能不贱，君不可能不肆。所以，宋代的士大夫政治尽管成绩斐然，但却缺乏稳定的经济和社会基础，极易被打破，大都好物不坚牢，彩云易散琉璃脆。

这就是我今天的讲座，谢谢大家。

答　问

问："国是政治""权相政治"在历史上的轮回有办法断绝吗？

答：很难。如果我们单从逻辑上来推演一下，有一种可能，是在北宋，皇帝持续保持他的仁慈，而士大夫不出现那种以迎合为合理的思想观念的转变。再往前推，还有另外一种从思想观念上取得突破的可能性。五代宋初，曾经出现过大量历事多个政权、未曾将忠诚绑定于任何一个王朝的臣子，比如"长乐老"冯道。他们所抱持的仁义观不借助对具体皇帝、唯一政权的忠诚，而是以我为出发点和归依的：皇帝可以换，我可以服务于不同政权，我和政权之间没有稳定的忠诚关系，但我独立于天地之间，为子、为夫、为父，做人做事，无愧于心，便是好人。这种异论，到二程，便觉得太危险，把它拉了回来。也的确危险，因为它触到了君臣关系的边界，也因此蕴含着革命性的力量。如果在北宋前中期能够把这个问题论述清楚，进而落实成为君臣关系的新规范，那么，中国文化的走向可能就是另外一个样子了。但是，很可惜，仁宗还有稍晚的二程敏锐地嗅到了其中的危险，将它一棍子打得死死的。

问：我听过"厓山之后无中华"，也就是说南宋灭亡导致中华文化呈现一种衰败的现象。我的疑问在于，元和清在推行汉化方面非常积极，那么这个说法该如何理解？

答：谢谢。关于中华民族的问题，我特别服膺费孝通先生讲的中华民族多元一体结构。他的论文发表在1989年的《北京大学学报》上。这篇文章特别符合中国历史发展的真实。中华民族其实是一个大雪球，在历史进程当中有一个"核"，这个"核"就是汉字所承载的文化，有儒家也有道家、法家，这个大雪球在不断向前滚动的过程中吸收了越来越多的异质文化，而这些异质的文化进入，包括异族的入侵，甚至异族掌握政权，都未曾损害这一文化向前发展。用传统说法来讲，这个文化有感化"夷狄"的能力。更中立的说法是，这个文化有吸收异质、重塑新我的不断更新的能力。"新我"是新的，是更复杂的，但仍然是"我"。所以，我们如果用大雪球的比喻来看，汉字在，汉字所承载的文化就在，不存在"厓山之后"有没有"中华"的问题。

而中华是不断变化的。比如从政权角度看,我们的历史上确实存在那么一些闭关锁国的时期,但事实上,就像世界上的水一直在流动、世界上的风一直在吹拂一样,民族与民族之间,不同地域的人们之间,不管是信息的、物质的、文化思想的交流、人员的交流,是一直都存在的。只不过,古代慢,现在快。

问:士大夫政治是很出色,但我们的历史学家是不是美化了宋代的士大夫政治?

答:我承认宋代政治取得了"最好成绩",但同时也强调这个"最好成绩"本身是脆弱的,背后有很多问题。我认为,我们今天不管是看历史还是看现实,都需要一个相对成熟的认知方式,当我们说一个东西好的时候,得承认它也有问题。

有一次,一位前辈的书开发布会,去了几位宋史学者,我是最年轻的那个。我们每个人都重复了一句话"我们是宋朝的研究者,我们不是宋粉"。我理解,宋粉是把宋代好的东西挑出来,加以夸大,往更现代更文明的东西上拉扯。这不合实际,宋代政治仍然是帝制时期的政治,但它显然比后来的元明清不知要高妙多少。

东坡过岭

一、"事先张扬的写作"终于开始了

我之前一贯的写作习惯,是写完出了书才会跟大家分享。唯独现在正在进行的,是一场"事先张扬的写作",还没动笔的时候就已经开始大肆宣扬,跟媒体朋友讲"我要写苏东坡了"。

"写苏东坡"是一个很大的挑战。因为苏东坡耳熟能详,差不多每个中国人都知道他,最难得的是,人人都爱苏东坡,人人都自以为懂得苏东坡,也会在某种情境下觉得"我与苏东坡心灵相通"。在中国历史上那些曾经闪耀过的名字当中,苏东坡是最具"人民性"的一个历史人物。苏东坡的光芒不仅仅照亮了过去将近一千年,而且,我有充分的信心认为,只要汉字在,中华文明在,未来的人们就还会记起他、怀念他,从他身上汲取力量,以他的精神遗产丰富我们的精神和物质世界。因此,我很希望能够把我的名字跟这样一个能够跨越时间的永恒的中华民族文化符号产生某种关联,用一个不一定恰当的比喻来说,假如把苏东坡比作大闸蟹,我想做的就是大闸蟹身上捆的那根草绳,跟他建立一点关联——我妄想依附于东坡而得不朽。

"我要写苏东坡了"吹了很久,今年终于开始了。今年我负笈香港教育大学,又蒙广州师友关照,往来省港,得尝美味而赏箫韵,获益良多,所以我的苏东坡研究也从岭南开始。首先要跟大家分享的是苏东坡在惠州。

二、"乌台诗案"是苏轼人生的分水岭,黄州惠州儋州成就"千古风流人物"

苏东坡总结自己一生的时候有一句话,是我们大家都熟知的,"心似已灰之木,身如不系之舟。问汝平生功业,黄州、惠州、儋州。"黄州、惠州、儋州于苏轼而言,都是贬谪之地。苏轼的一生,以"乌台诗案"为界,分为前后两期。"乌台诗案"之前的苏轼是一个什么样的人?文章写得极好,聪明绝顶,才华横溢,并且他的才华很早就得到了前辈政治家的赏识。他二十二岁考进士,二十六岁举制科,就已经被韩琦、欧阳修、张方平、司马光、范镇这些前辈了解、赏识、提拔。苏轼、苏辙兄弟初露头角的时代,是一个我愿意称之为"华夏群星闪耀时"的美好时代。国家和平发展近百年,开放包容,奖拔寒素,尊士重道,科举出身的士大夫创造了新的政治、新的文化,"文士"占据了皇帝身边以及宋朝政府中几乎所有的重要位

苏轼像

置。范仲淹已经道出"先天下之忧而忧,后天下之乐而乐"的士大夫心声,掷地有声,扎实践行。苏轼是入宋之后的第四代士大夫官僚,在苏轼和他的同龄人进入官场的时候,范仲淹的代际已经步入晚年,他们在政治上成熟,有格局,肯担当,包容大度,稳稳地主导着政治走向;司马光-王安石的代际正在盛年,他们昂首阔步,锐意进取,勇于批评。作为新生代的政治家,苏轼是前两辈政治家眼中那颗冉冉升起的新星。我们可以想象,如果没有"乌台诗案",这样一个苏轼一定会做到很高级别的职位,他肯定会做翰林学士,大概率会做到副宰相,未必会做到宰相,因为他终究还是有些才子气的,而才子气与做官可能

王诜作《东坡赤壁图》

是相冲的。如果没有"乌台诗案",苏轼会一生平顺,他会飞黄腾达,因为他的才华配得上,他的努力配得上,他的品格也配得上,然而也不过如此而已。

"乌台诗案"彻底改变了苏轼的生命轨迹,原本是"好风凭借力,送我上青云",在同侪、平辈中脱颖而出、遥遥领先,高歌猛进,而"乌台诗案"则使得苏轼跌下青云,从云端跌到了泥里水里,他侥幸逃过死亡,到了黄州,变成了"苏东坡"。从"苏轼"到"苏东坡","乌台诗案"成为苏轼生命当中一个伟大的转折。如果我们把苏轼单纯地定义为一个北宋的士大夫,只看官僚生涯,会觉得这是一个跌落。但是,隔了一千年再回过头去看,从超越一时名利的生命意义的角度来看,政坛苏轼的跌落恰恰是文化苏轼的新生。苏轼经历了"乌台诗案",经历了生死考验,在灵性和智慧上得到飞升,一变而为苏东坡。他的生命就此别开生面,原本那个平顺得意的官员苏轼变成了一个失意之人。政治上的失意,让他的生命向着更广阔的天地、向着除了"治国平天下"之外的更广阔的世界拓展。

苏轼这一生,以"乌台诗案"为分水岭,之前是一个正常的、有前途的、可以飞黄腾达的士大夫苏轼,之后是以黄州、惠州、儋州为"平生功业"的天人苏东坡。"问汝平生功业,黄州、惠州、儋州"是夫子自道,有自我调侃的语调,然而是否是自我解嘲之语?我不认为是。自我解嘲说的是认识前提，是苏轼并不认同贬谪岁月，他以贬谪为人生失败。然而苏轼显然并不这样看，他完全接纳了贬谪，接纳了政治上的失意，以危机为契机，回向自我，拓展了生命的广度与厚度，他暮年从海南岛渡海返回大陆，遭遇风暴，曾有诗云"九死南荒吾不恨，兹游奇绝冠平生"。苏轼自我言之，海角之行是一场游历，奇绝冠平生；我们自后观之，拥有"黄州、惠州、儋州"经历的苏东坡，其生命之"奇绝"，可为中国士大夫之冠。

三、"过岭"的意义

黄州是苏轼的第一贬，惠州是苏轼的第二贬。到惠州的时候，他已经经历过一次贬谪。惠州之贬和黄州之贬虽无本质差别，在地理上、政治上、文化上和心理上却又有着极大的不同。惠州在苏轼的贬谪当中还是有着特殊意义的——他被贬过了南岭——东坡过岭了。

绍圣元年（1094年）闰四月，苏轼在宋朝最北端的边境城市定州接到了贬谪命令，然后一路南下，从位于今天河北南部的定县，跨越漫漫长途，经过今天的江西赣州，到达江西大余（宋称南安军）；苏轼在南安军跨越大庾岭，过岭之后就到了南雄州，进入岭南地域；接下来他一路南行，经过韶州、英州、广州清远、广州，再往东抵达惠州。苏轼抵达惠州的时间是绍圣元年十月初二，这时候他即将五十九岁。苏轼的生日在阴历十二月，虚岁五十九，周岁是五十七。这个年龄，我们今天觉得还是很年轻的，但是在宋代是老人家了。

苏州到惠州报到之后，按惯例要给皇帝上一个表，表达感谢。苏轼在《到惠州谢表》里面这样说："仁圣曲全，本欲界之民社；群言交击，必将致之死亡。""仁圣"指皇帝，皇帝本来想保全苏轼，要给他一个南方远地（英州）的知州来做，但是"群言交击"，他的政敌不肯放过他，一定要把他置于死地。幸好皇帝体恤，宽大为怀，"尚荷宽恩，止投荒服"，只给了他流放岭南的处分。"岂谓天幸，得存此生。此盖伏遇皇帝陛下，以大有为之资，行不忍人之政。"苏轼说他还能够保住性命到南方来，全靠皇帝的恩宠，他向皇帝表示由衷地感激，"臣敢不服膺严训，托命至仁；洗心自新，没齿无怨"；同时，他又表白自己是可怜的，他到了岭南这样一个"瘴疠之地，魑魅为邻"的地方，加之年老体衰，"衰疾交攻"，恐怕再也无法回到北方家乡，"无复首丘之望"，对于皇帝，他"精诚未泯，空余结草之忠"。

"瘴疠之地，魑魅为邻"是苏轼对惠州最初的描述，也就是说，自然环境恶劣，文明程度低下。对于今天的岭南听众来说，这种说法有些得罪。但这就是宋朝北方人想象中的岭南。宋朝有一个好传统是"不杀大臣"，大臣犯错误予以贬谪，最严厉的贬谪就是"过岭"。

"过岭"是宋朝对于宰相级别大臣最严厉的惩罚。举一个例子，元祐四年（1089年）发生了一起针对前任宰相蔡确的指控，说他诽谤太皇太后。当时是太皇太后高氏当政，有人摘举了蔡确《车盖亭诗》里的句子，说蔡确诽谤太皇太后。那么，应当怎样处置蔡确呢？朝廷之中当时起了很大的争论，有人就提出来要杀蔡确。如此严厉的杀宰举动很快被否定了，在蔡确的处分争之未定、争论不下的时候。范仲淹的儿子、宰相范纯仁听说文彦博提议要把蔡确"贬于岭峤"，就很紧张，去跟左相吕大防说："此路自乾兴以来，荆棘近七十年，吾辈开之，恐不自免。""此路"指把宰相大臣贬到岭南去的路。乾兴是真宗的最后一个年号，只有一年，即公元1022年。乾兴元年，宰相寇准、丁谓先后被贬往岭南。从那以后，就再也没有发生过宰相大臣被贬岭南的事情，过岭之路已经荒废了近七十年。范纯仁说，如果我们现在把蔡确贬到岭南去，重开过岭之路，"吾辈开之，恐自不免"——如果我们今天对政治上的对立面进行如此严厉的惩罚，如果我们把政治斗争搞到如此激烈的程度，那么也许有一天，我们自己也难免被反噬。范纯仁的话显然打动了吕大防，在太皇太后面前讨论这件事情的时候，吕大防和刘挚就为蔡确辩护，说蔡确的母亲尚在，而且年纪很老了，就不要让他过岭了。这是用孝道在为蔡确辩护，非常正当的理由。但是太皇太后与蔡确有私怨，格局不够，拒绝宽宥，斩钉截铁地说"山可移，此州不可移"，此州指新州（在广州西边）。蔡确最终被贬过岭，"荆棘近七十年"后，过岭之路还是重开了。

四、宋朝开封视角中的广州

珠三角是改革开放以来中国经济最发达，也是最富有生命力的地区。但在宋朝人眼里，它是"瘴疠之地，魑魅为邻"的荒蛮之区。从当时首都开封的视角来俯瞰当时的广东（广南东路），那是一个怎样的状态呢？首先是人才不竞，教育落后。整个岭南地区教育最发达、科举最成功的地方是比较靠北的韶州，而广州则相对落后。宋朝960年建国，1095年，建国135年之后，时任广州知州章楶说"二广据五岭之南，凡四十余州，而番禺为巨镇"，广州是两广最重要的中心城市；但是"至于士人之知名者独少，而业文擢第乃劣于他州"，广州的读书人有名的很少，广州读书人在科举考试中取得成功的反而比不上其他州。这是广州的人才不竞。而人才不竞的原因，是因为"教化未孚"，这是开封视角中的宋朝广州的第二个特点。站在中原往南看，广州以及整个岭南地区的风俗，相对来说都是比较落后的。广州人"喜游乐，不耻争斗"，大家都很喜欢玩，打架这种事情也不觉得羞耻。再有，这个地方的女性地位高、自主性很强。老婆代老公去打官司，一个女人跑到衙门里去，打起官司来"如在其室家"，就好像在自己家一样，"诡辞巧辨，喧嘖诞谩，被鞭笞而去者，无日无之"。几乎每天都有广州女人跑到衙门里去，大声吵闹，胡搅蛮缠，官老爷一顿鞭子板子打出去，第二天还有别人来。对于这种现象，我们今天可以做很正向的解读，认为广州民间的自主性强，女性地位高。但是在开封眼里，在传统儒家眼里，这就是"朝廷之教化未孚"。

宋朝的广州的第三个特点是，它是一个商业繁荣的外贸港口，居民能冒险、善致富，"盖水陆之道四达，而番商海舶之所凑也"。广州是一个重要的外贸港口，"犀象、珠玑、异香灵药、珍丽玮怪之所聚也"。开封上层所需要的海外珍异之物，包括香料，从这里抵达中国。在这样一个开放的港口城市，"四方之人杂居于市井，轻身射利，出没波涛之间，冒不测之险，死且无悔"。这个地方的老百姓为了谋利是敢于冒险的，善于致富的。

作为对外贸易港口的广州有着开放包容的一面，居民番汉杂居，有番坊，就是外国人的聚居区。熙宁年间广州有一个叫刘富的富人捐资助学，同时还有一个"怀化将军辛押陀罗亦捐资以完斋宇，复售田以增多之，其数亦埒富之入"。"怀化将军"是宋朝政府给外国友人的荣誉称号。刘富捐资助学的时候，这个叫辛押陀罗的外国商人首领也捐出钱来，帮助修缮校舍。辛押陀罗在广州有地，为了增加捐资助学额度，辛押陀罗还卖地变现。他捐的总额和刘富的捐资额差不多。辛押陀罗提出，希望在州学里"置别

宋·郭忠恕作《雪霁江行图》

舍，以来番俗子弟，群处讲学"，也就是说，他希望在广州的州学里专门搞一个留学生楼，给外国留学生居住，让他们也能够学文化，参与交流，"庶太平德泽无远尔之限也"，即希望远人也能享受宋朝的恩德雨露。

总体来说，广州是这样一个番汉杂居、商业繁荣的外贸港口，它的居民能冒险，善致富。但是，在开封眼里，广州仍然是相对落后、教化未孚的。从开封朝廷的角度来看，将广南东、西两路做一个对照，广东是一个比广西更加顺服、稳定的边疆区，是香料等奢侈品输入中国的地方，也是朝廷市舶收入的重要来源地。

最后，对于北宋朝廷来讲，广东还有一个很重要的意义，它是盐、银、铁、铅、锡等矿产资源的宝库。比如广州下辖8个县，其中5个县都设有场。根据《宋史·地理志》的记载，番禺有银炉铁场，出铁；清远有大富银场、静定铁场、钱纠铅场，出银、铁、铅；怀集有大利银场；东莞有桂角等二银场，静康等三盐场，海南、黄田等三栅；新会有千岁锡场、海晏等六盐场。

以上就是广东对于北宋朝廷的意义和价值。这是一个遥远的地方，是一个瘴疠之地，天气湿热，所以北方人很不习惯，不愿意去，甚至广东的官位出了缺都没人愿意去替。因此，广东地区比较早期的时候官位要靠摄官来填。摄官没有编制，没有正式的官员身份。为什么要用摄官？正式官员不够。由于教育水准低，广东本地人能通过进士考试的不多，但是这些考过进士的人，朝廷会给他们一个非正式的官员身份，让他们在本地政府中来为国家工作。

这就是宋朝的广东，北方朝廷视角中的边疆区，不适合北方人居住的烟瘴之地。因此，在"不杀大臣"的政治传统之下，"过岭"就成了对大臣的极端惩罚，"过岭"的出现意味着政治斗争残酷性的加剧和报复性的增强。

五、苏轼在惠期间的广东官员

绍圣元年闰四月,东坡"过岭",十月初二抵达贬所惠州。来到岭南的苏轼是一名谪官,是政治斗争中的败北者、失意人,他之出现在岭南本身就是一个惩罚。那么,广东官员是怎样对待苏轼的呢?

想要回答这个问题,首先得了解广东都有哪些官,分别是谁。下面,我们就根据广南东路的官员设置、按照基本上从高到低的顺序,逐一介绍广南东路的设官、苏轼在惠期间的任职者,以及他们与苏轼的关系。宋朝地方实行路-州-县三级管理体制,路统州,州统县。州、县两级地方政府管理辖区之内除军事之外的一切行政事务,包括社会经济、财政税收、司法和教育。路一级实行分离制管理,主要设有经略安抚司、转运司、提点刑狱司和提举常平司四种机构,这四种机构各有分工,互不统属。

我们先看路这一级。在整个广南东路,级别最高的官员是广州知州兼广南东路经略安抚使。苏轼在惠期间经历了两任经略安抚使,第一任是章楶章质夫,第二任是王古王敏仲。

广州知州兼广东经略安抚使之下,是主管本路财经的转运使,在当时的体制之下,掌管外贸的广东市舶司也是由广东转运司来管理的。这一点对于苏轼的惠州生计有莫

东坡过岭

大关系，后边会讲到。当时的广南东路转运使是傅志康，他的驻地在广州。

路一级在经略安抚使和转运使之下，排第三的是提刑。就是电视连续剧《大宋提刑官》的那个"提刑"，机构名称是提点刑狱司，长官名称是提点刑狱。当时的广东提刑是程之才，字正辅，他的办公地点不在广州，而在韶州。

路级排名第四的是提举常平司，驻所在广州，当时的广东提举是萧世京。

总结一下，路一级有四个衙门，广东经略安抚使、广东转运使、广东提举驻广州，广东提刑驻韶州，四个衙门各管一摊，彼此之间没有统属关系。转运使、提刑和提举这三位除本职之外，还负有监察职能，他们的履职方式是往来巡视，通常来讲，要在一年之中遍巡辖区所有州县。

四位路级官员中有一个人对苏轼来说非常特殊，这就是广东提刑程之才程正辅。他是苏轼的旧姐夫兼亲表哥。程之才的父亲是苏轼母亲程夫人的娘家哥哥，所以程之才是苏轼的亲表哥。而苏轼的姐姐苏八娘嫁给了程之才，中表联姻，亲上加亲。但是很不幸，苏八娘刚嫁过去没两年就死了。苏洵认为程家要对八娘的死负责，他写过一首《自尤》诗，表达了对程氏父子的高度不满。女儿过世之后，苏洵与程家断交。后来苏轼、苏辙两兄弟和程之才的两个弟弟都比较早的复交了，但是和程之才（程正辅）本人一直没有来往，彼此断交42年了。苏轼被贬过岭，程之才被派到广东来做提点刑狱，有宋朝的笔记认为这是苏轼的政敌有意要利用两家的旧怨，让这旧姐夫亲表哥来整治苏轼。但是，他们显然错估了程之才的心胸。程之才很对得起苏轼，对苏轼非常好。他主动伸出橄榄枝，要来见苏轼，并不断地写诗写信问候苏轼。苏轼开始时还是有点戒备心理的。但是最终，这一对老兄弟久别重逢，解释前嫌，重修旧好，情好日密。程之才成为苏轼在惠州的有力依靠，苏轼在广东的很多活动都跟他这亲表哥旧姐夫有莫大关系。

其他的路级官员，像章楶章质夫，还有王古王敏仲跟苏轼之间都是旧相识，章楶与苏轼同辈而年长，王古则比苏轼晚一辈，这两个人跟苏轼都有着相当好的关系。广东提举萧世京跟苏轼的关系也不错。路一级唯一对苏轼不够友好的是转运使傅志康，而这位傅志康还是苏轼的同年进士。

以上是路级官员。他们位高权重，对苏轼的态度对于州县官员是有示范意义的。以下说州县官。

州、县两级官员跟苏轼有过交道的，基本上对苏轼都非常之好，包括广州通判（广州第二把手）谭掞谭文初。之所以要特别提到谭文初，是因为他特殊的社会关系。谭文初是韶州曲江人。王安石的父亲王益在韶州做知州的时候，请谭文初的父亲来教授自己的儿子也就是王安石兄弟读书，谭文初兄弟是跟着一起学的。所以，谭文初是王安

东坡过岭 83

石的早年同学，后来也得到过王安石的提携——曾经进过王安石《字说》局。但是这位谭文初，总体上对苏轼也是非常友好的，他保持了自己的独立判断，并没有自视为王安石的私人。

六、天下谁人不识君

下面，我们就从苏轼的几封书信出发，来体察感受他在广东官场所受到的待遇。第一封信，苏轼致萧世京：

> 某启：春和，窃惟起居佳胜。某罪谴，得托迹麾下，幸甚。到惠即欲上问，杜门省咎，人事俱废，以故后时，想不深讶。未缘瞻奉，伏冀为时自重。谨奉手启，不宣。

这是一封完整的信。读来可以发现，两人此番交往的次序是萧世京主动在先、苏轼回应在后。这封信应当是苏轼收到萧世京的第一封信之后的答书，所以他要抱歉地说：我本来到了惠州就想着要问候您的，但我是一个因为犯了错误被贬谪到这个地方来的人，来了之后就闭门思过，不问外事，因此没能及时问候，想必您能谅解。萧世京的弟弟萧朝奉（朝奉是官名）当时在江西虔州做官，后来苏轼的家人搬家南来，苏轼曾经请他帮忙。

再看第二封，苏轼致广州推官程全父（天侔），推官是广州第三、第四把手。苏轼给程全父的信里面提到什么？

> 某启，龙眼晚实愈佳。特蒙分惠，感怍不已。钱数对呈，烦聒，增悚！白鹤峰新居成，当从天侔求数色果木，太大则难活，太小则老人不能待，当酌中者。又须土砧稍大不伤根者为佳。不罪！不罪！柑、橘、柚、荔枝、杨梅、枇杷、松、柏、含笑、栀子，谩写此数品，不必皆有，仍告书记其东西。十二月七日。

这封信应当写于绍圣三年（1096年）十二月七日，这个时候苏轼在惠州白鹤峰上买地盖的新房子快要建成了，程全父给他写信，而且派人来看他，给他送来了晚熟的龙眼。所以，苏轼说：龙眼晚实味道非常好，感谢你的分享，我非常感激。接下来，苏轼又说，等白鹤峰的新居建成之后，我一定会向你（天侔是程全父的字）讨要数色果木，果木太大，移栽不容易活，树苗太小，我一个老人家也等不起它，所以，请你给我找不大不小的，挖起的时候，底下的土块一定要大，免得伤根。我这么啰里啰嗦、要东要西的，希望你不要怪罪我。接下来，苏轼列一个所需花木名单，他要柑、橘、荔枝、杨梅、枇杷、松、柏、含笑、栀子。给苏轼送花木的不只程全父，还有博罗县令林抃。

东坡过岭　85

这远谪过岭的老诗人很快就拥有了一个繁花盛开、嘉果飘香的岭南花园。

广东的官员还有不断地给苏轼送酒的。首先是广州知州兼广东经略安抚使章楶章质夫。章质夫应该比苏轼大9岁左右，福建人，出身于显赫的章氏家族，他的叔父章得象做过宰相，苏轼的同年状元章衡和苏轼曾经的好友章惇也都出自这个家族。章楶在广州，每个月都会派人给苏轼送六壶酒。有一次，酒在半路上打了，"书至而酒不达"，苏轼赋诗一首，以风趣幽默的口吻描述了这场意外带来的另类惊喜："白衣送酒舞渊明，急扫风轩洗破觥"，你要送给我酒，我很开心，我把房间打扫了，我把酒杯清洗了，准备要喝你的酒；"岂意青州六从事，化为乌有一先生"，"青州从事"指美酒，结果你的酒在半路上跑掉了；"空烦左手持新蟹，漫绕东篱嗅落英"，院子里的菊花盛放，锅子里的螃蟹飘香，可是却没有美酒来配，害得我心里直痒痒。这是章质夫送酒的故事。

苏轼还有一首《浣溪沙·罗袜空飞洛浦尘》，作于初到惠州之时。苏轼是绍圣元年十月初二到惠州的，十月十三日就有两个人来看他。一个是梅州程乡县令侯晋叔，梅州只统一县，就是程乡。另一个是归善县主簿谭汲，归善是惠州的首县，在州城。抵达惠州十一天之后，绍圣元年十月十三日，苏轼与程乡县令侯晋叔、归善县主簿谭汲同游惠州大云寺，"野饮松下，乃设松黄汤，作此阕。余近酿酒。名之曰万家春。盖岭南万户酒也"。才到了十一天，苏轼家里就已经开始学着当地习俗酿酒了。什么叫"此心安处是吾乡"？这便是。

苏轼初到惠州，就有朋友来相伴出游，而程乡县令侯晋叔是跨了境的，从梅州到惠州，按照当时制度，他应该是接了上级命令才可以跨州旅行。那么，究竟是谁派他来的呢？很有可能是广东提刑程之才，也就是苏轼的旧姐夫兼亲表哥。苏轼文集里面有71封信是给这位表哥的，存信数量最多。苏轼致程之才的第一封信是这样写的：

> 某启，近闻使旆少留番禺，方欲上问。侯长官来，伏承传诲，意旨甚厚，感怍深矣。比日履兹新春，起居佳胜。知车骑不久东按，倘获一见，慰幸可量。未间，伏冀以时自重。谨奉手启。不宣。

这封应该也是回信——程之才先派人送了信给苏轼，苏轼回信。"近闻使旆少留番禺"，路一级的官员除了经略安抚使之外，是要不断做公务旅行的，程提刑的衙门在韶州，写信的时候他出巡"少留番禺"，到广州了。苏轼说，我听说你在广州视察，"方欲上问"，本来准备写信去问候的，正这么想的时候，"侯长官来"，带来了你的消息、你的问候，你的问候是如此深情，让我感激又羞愧。"知车骑不久东按，倘获一见，慰幸可量"，听说你要到东边来，

东坡过岭 87

倘若能够见上一面，我将感到荣幸和安慰。

广东官员大部分对苏轼是非常友好的，唯独有一个例外，那便是广东转运使傅志康，这是广南东路序位第二的高官。苏轼有一份折支券。折支券，按照清朝人王文诰的解释，是指苏轼做宁远军副使的"工资卡"。这个解释我还没来得及详考，姑且就用它。总之，折支券能变现，应该是不小的一笔钱。苏轼为了修盖白鹤峰的房子，花掉了大半积蓄，就把这个折支券送到市舶司去变现。这枚折支券，在绍圣二年五月就被送到了市舶司，但是一直到绍圣四年春天苏轼接到贬谪儋州的命令，即将离开惠州的时候，还没能变现成功。这件事卡在哪儿了呢？就卡在的市舶司。而市舶司，按照当时制度，是归转运使管的。市舶司的管辖权有过变动，当时是归转运使管。折支券变现不利，照道理，苏轼应该直接求转运使帮忙，如果他们相识，苏轼认识傅志康吗？认识。他俩都是嘉祐二年（1057年）的进士，是同年关系。但是，苏轼没有求他这个"傅同年"。现存的苏轼书信里有两封提到了折支券，都不是写给傅志康的，是写给谁的呢？广州知州兼广东经略安抚使王古王敏仲。比如这封：

"某启，有二事，殊冗，未尝以干告，恃厚眷也。"我有两件过于琐碎的事情，以前也没好意思跟你提过。现在，仗着你对我好，我还是说一下吧。第一件是我穷："某为起宅子，用六七百千，囊为一空，旦夕之忧。"我为了盖白鹤峰的房子，花费了六七百千钱，钱袋子彻底空了，眼看着就要饿饭。我有一个折支券在市舶许节推处，托他帮忙变现，"自前年五月请，不得，至今云未有折支物"，从前年五月就把这个折支券放在那儿了，直到现在还不行，一直跟我说没有合适的折支物。"此在漕司一指挥尔。告为一言于志康也。"漕司，转运司的简称。这就是转运司一个条子就能解决的事，拜托你给志康带个话吧。

苏轼不自己去求"傅同年"，而是拐了一道弯，让王敏仲去说项。这是一件事。还有一件事，苏轼家里常用的一个医生林忠彦，苏轼想给他谋个博士助教的名目，也就是一个体制内的编制。可是，惠州已经没有名额了，苏轼请王敏仲帮忙成全。

这第二件事，王敏仲很快就替他办好了，照理林医生应当去广州当面感谢王敏仲。但此时，苏轼的家人刚刚从北方长途跋涉抵达惠州，大人孩子有生病的，苏轼只得请林医生留在惠州，他给王敏仲写信解释了林医生不能及时拜谢的原因。但是，那个折支券直到苏轼要贬去儋州了，好像还没有变现。这足以证明"傅同年"是真的不太友好，人在雪中，不肯送炭。"同年"关系可近可远，但通常大家都会尽可能守望相助，"傅同年"为什么不肯雪中送炭，而苏轼也采取了绕着走的态度，定然别有缘故。我会写文章专门讨论傅志康的事情，这里暂且按下不表。

东坡过岭

七、谪官的积极：建言献策

因为广东大部分官员对苏轼都是非常友好的，苏轼虽然是一个贬谪之官，没有行政责任，但他还是对广东地方建设进行了非常积极的参与。我开玩笑拟了一个苏轼在惠期间的提案及实施情况，因为他也确实不能办，只能给在任官员提建议，所以我借用了今天政协常用的词"提案"。这个表不全，因为我的研究还在推进当中，现在给大家讲的是刚刚在厨房里做得了、趁热端上来的——粤菜讲究的是火候，现炒现上桌。

苏轼在惠州期间的提案包括什么？第一，他建议、帮助博罗县的县令林抃制造和推广了秧马，这是一个辅助插秧的农具，成功了。第二，他建议博罗县令林抃在博罗县的香积寺建设水磨。他去参观，发现那个地方的地势特别适合建造水利推动的磨坊，于是他就向林抃提出建议。麦收之前，这个磨坊就已经开工，这件事也成功。第三，苏轼建议广州知州王古引蒲涧山水入城，以改善广州的饮水。蒲涧山就是白云山。当时大部分广州居民的饮水都是苦咸水，只有极少数的富裕上层才能够饮到甜水。而蒲涧山的滴水岩有充足的饮用水源。苏轼接受了一位邓道士的指引，建议王古用竹子做水管接引蒲涧山水到广州城，改善城中饮水。这项工程也部分成功。第四，苏轼建议王古在广州建设病院。广东属于热带地区,流行病、传染病多发,王古到任之后确实赶上瘟疫,在广州城里面进行了比较大规模的救助工作,苏轼建议他因势利导,在广州城里建设病院。这项建议未见实施。第五,苏轼向他的旧姐夫亲表哥广州提刑程之才建议增修惠州驻军的营房。军队没有营房是很麻烦的一件事情,苏轼做了非常细致的调查,提出了切实可行的建议,从中我们可以看到宋朝官员的管理水平。但这项建议也未见实施。第六,苏轼建议程之才协调动用惠州阜民监的粪土钱来帮助惠州修盖浮桥,这个项目也进展艰难。以下我们进入细节。

1. 博罗秧马

首先我们看一个成功的案例,苏轼指导博罗县令林抃制造插秧工具秧马。秧马是苏轼上一次被贬黄州时,在武昌见到的当地人所用的插秧工具。秧马的形制,据苏轼《秧马歌》描述,"我有桐马手自提,头尻轩昂腹胁低",有点像小朋友骑的那个木马,但底下没有腿,两头翘起,中间低下,以便骑乘,"背如覆瓦去角圭,以我两足为四蹄",插秧者以双足为动力,驱动秧马在水田中滑行,"耸踊滑汰如凫鹥,纤纤束藁亦可赍。何用繁缨与月题,却从畦东走畦西",可以节约腰力,提高插秧效率。

苏轼在武昌见到秧马,把它的形制记录下来,他再贬惠州,南行途中,在江西遇到一位当地学者,正在写作农书,但其中没有农具部分,苏轼就把秧马介绍给他。苏轼还多次建议相关人士复刻秧马,但别人都没理他。直到苏轼来到惠州,遇见林抃。林抃也是进士出身。苏轼把《秧马歌》给林抃看,"林君喜甚,躬率田者制作阅试",亲自率领属下把秧马按照苏轼的提示试制成功。林抃还对秧马进行了改良,"以谓背虽当如覆瓦,然须起首尾如马鞍状,使前却有力",让插秧的人运动更为灵活。对于秧马的材质,林抃也进行了探索改良。

秧马图

苏轼对林抃非常欣赏，也可以说他们欣喜地遇到彼此，这两个人都喜欢创造，热爱新生事物，都有爱民之心。在一封给林抃的信中，苏轼这样写道：

> 某启，人来，辱书，具审比日尊候佳胜，甚慰所望。加减秧马，曲尽其用，非抚字究心，何以得此，已具白太守矣。乍热，万以时加啬。不宣。

"加减秧马，曲尽其用"是说林抃在改良秧马的过程中，非常用心，做到了极致。"非抚字究心，何以得此"，是苏轼对林抃的表扬，如果不是把老百姓时时刻刻放在心上，又怎么可能做到如此尽心？"已具白太守矣"，"太守"是知州的古称，苏轼说，我已经把你的事迹报告给了惠州的知州詹范。詹范跟苏轼的关系也很好，苏轼有时候称他为"老詹"。向上级推荐下级，向那些有荐举权的人推荐官员，这是苏轼在广州做的一个很重要的贡献。尽管自身已是失意无权的谪官，但苏轼仍然不忘为国举贤。

2. 引蒲涧山水入广州

第二个成功的例子，是苏轼建议知广州王古建设广州的自来水系统。苏轼在给王古的信里写道，"广州一城人，好饮咸苦水，春夏疾疫时，所损多矣"。因为饮水质量不好，加剧了传染病的多发。"惟官员及有力者得饮刘王山井水,贫下何由得。"有权有势的人才喝得起井水,普通人是不敢想的。而"蒲涧山有滴水岩,水所从来高,可引入城,盖二十里以下尔",蒲涧山滴水岩的水量充足,距城不到二十里。"若于岩下作大石槽,以五管大竹续之,以麻缠之,漆涂之,随地高下,直入城中。"在岩石之下建设大型蓄水池,池中设五个出水口,用大竹为管,引水接入城中。竹子接缝的地方用麻缠起来,涂上漆,使之密封不漏。城中"又为一大石槽以受之,又以五管分引,散流城中,为小石槽以便汲者"。水到城中,入总蓄水池,分设五管引流,在城中建设若干小型蓄水池,以便居民取水。

整个工程"不过用大竹万余竿,及二十里间用葵茅苫盖,大约不过费数百千可成"。宋朝官员办事有一个喜欢算经济账的好习惯,做事情不是凭头脑一热,而是有扎扎实实的算计。为应对饮水工程带来的建设开支和日常维护费用,苏轼建议,"须于循州置少良田,令岁可得租课五七千者,令岁买大筋竹万竿,作筏下广州,以备不住抽换。"竹子会旧,所以要换,为了让引水工程有效延续,必须在循州置一块地,地租收入在每年五千到七千钱。用这笔钱在当地每年购置一万杆左右的大竹,捆成竹筏顺水流到广州,以备抽换。"又须于广州城中置少房钱,可以日掠二百,以备抽换之费",在广州城里还要置办房产出租,赚取的房租每天争取达到200个铜板,已备抽换之费,人工也是要钱的。同时还要"专差兵匠数人,巡觑修葺。则一城贫富同饮甘凉,其利便不在言也"。

苏轼给王古的建议,包括三部分:第一引水管道的建设,这是成功的。第二循州竹管储备基地的建设,未见下文。第三广州水管基金的建设,好像也没有看到下文。王古做了他当下能做的,接下来长期维护的部分就没有了。为什么?这是我们要思考的问题。

3. 修盖惠州营房

苏轼建议广东提刑程之才修盖惠州营房。"近又体问得一事,本州诸军,多缺营房,多二人共一间,极不聊生。"为什么说"二人共一间"就"极不聊生"呢?因为宋朝的军队是职业兵,一个男人当了兵是靠当兵的收入养活老婆、孩子的,军队还要给他提供住房,以便全家居住。如果两人一间,是没办法娶妻生子的,也就没办法稳定下来,所以这种"两人共一间"是"极不聊生"的。但两人一间也不能保证兵兵都有,"其余即散居市井间,赁屋而已。"剩下的就在市井之间租房子住。租房子的问题更多,"不惟费耗,军人因此窘急作过。"军人散居民间,无法集中管理,会导致"靡所不为,公私之害,可胜言哉"。军人少房、无房不独于军人不便,于惠州老百姓也不便。

苏轼通过调查,细致地描述了惠州驻军的具体居住困境:"本州管六头项兵,却一半无营房。其间有营房者,皆两人住一间，颇不聊生。其余只在民间赁屋散住，每月出赁房钱百五十至三百。"这里头还能看到当时惠州租房子的物价，每个月150~300钱，这是租民房的。还有租公家房子的，"其间赁官屋者，即于月粮钱内刻"。租公家房子，房钱从工资里面扣除。租房带来了一系列问题，一是造成生活的贫困化，"军人缘此贫乏"；二是造成管理混乱，引发一系列纪律和治安问题，"又都将上下，无繇部辖"，导致酗酒、赌博等违反军纪的状况，一旦出事，军人"即逃走作贼"，导致"民不安居"。三是造成军人家庭生活混乱，"又军妻缘此犯奸者众"，军心不稳。

苏轼看到了问题，但同时强调这种问题是长期存在的，不能苛责现任官员。"远方吏不得人，从来如此，非今官吏之过也。""问得，数十年来如此矣。"又要提意见，又要维护现任官员，苏轼想的很周到。他"约度大略，少三百来间好屋"，希望能盖三百来间好房子。但这个盖房子建议彻底失败，根本没有推行。

4. 用阜民监粪土钱修惠州浮桥

苏轼还有一个建议，用"阜民监买粪土钱"修惠州浮桥，也没能够成功。阜民监是个铸造铜钱的工厂，设在惠州。阜民监使用牲畜较多，骡马驴之类所排粪便混合泥土，制成粪墼，可以售卖。今天内蒙古草原地区仍然用牛粪作燃料。售卖粪墼所得的收入应当属于阜民监支配，惠州欲修浮桥，当地政府资金不足，想要动用阜民监这笔粪土钱，但是阜民监虽然在惠州境内，其管理权却不在州，而在广东转运司。于是，惠州知州求到了苏轼头上，苏轼没有直接联系转运使傅志康，而是写信给提点刑狱程之才。其中的一封信是这样写的：

> 某启，老兄留意浮桥事，公私蒙利，未易遽数。本州申漕司，乞支阜民监买粪土钱，若蒙支与，则邓道士者可以力募缘成之矣。告与一言，某不当僭管。但目见冬有覆溺之忧，太守见祷，故不忍默也。但邓君肯管，其工必坚久也。不罪！不罪！仍乞密之，勿云出于老弟也。

还有一封信说：

> 某启，本州近申乞支阜民监粪土钱用修桥，未蒙指挥。告与漕使一言，此桥不成，公私皆病，敢望留意。

从这两封信可以知道，支取阜民监的粪土钱来修盖惠州浮桥，其实是惠州知州詹范的主张，惠州已经向转运司打了报告，但是转运司一直没批，所以詹范就找到了苏轼，请苏轼帮忙斡旋。苏轼没有直接找他的同年转运使傅志康，而是找了他的表哥提刑程之才。但是到这封信为止，修桥之事还是没成。究其原因，主要是转运司的不配合。

关于修桥，苏轼还有一封给程之才的信：

> 某启，近因柯推行，奉状必达。示谕修桥事，问得才元，行牒已到本州，差官估所费，盖八九百千。除有不系省诸般钱外，犹少四五百千。除有不系省诸般外，于法当提、转分任。见说估得却是的确合用之数，若减省，即做不成，纵成，不坚久矣，体问是实。

"柯推"是一个姓柯的推官，他充当了苏轼与程之才之间的信使。关于修桥，本州打报告到转运司，转运司发文到本州，派人做了一个评估，估出来的修桥费用是八九百千。而本州所能动用的经费之外，还差个四五百千，不足部分需要提举司和转运司分别认拨，因为有不同来源的经费。但是，这个提举司是个什么样的机构呢？提举司是王安石变法时新设置的机构，其核心目标是敛财，在此之前曾经废除，绍圣元年刚刚恢复。也就是说，中央政策的导向又开始抓钱。在这种背景之下，想要拿钱出来，就难了，而上面派的人所估的修桥报价比州里原来的预算要高很多。苏轼对程之才说："然老弟以卑见度之，恐不能成。"为什么不能成？"吏暗而孱，胥狡而横，若上司应副，破许多钱，必四六分入公私下头，做成一坐河楼桥也，必矣！必矣！"之所以估出这么大的数目来，必定是有人想侵占公款，所要修的已不是经济实惠的浮桥，而是更为复杂的"坐河楼桥"。苏轼由修桥联想到修盖营房事，"后来思之，亦与此同"，"度官吏必了不得也"，此事是办不成的。他对表兄表达了歉意，"深不欲言，恐误老兄事。故冒言，千万密之"。

苏轼把修桥、盖营房不成的责任归到官吏的腐败上去，官吏的腐败固然属实，但更根本的原因是朝廷政策的转向：哲宗"绍圣"，又回到了王安石时代，以"富国"为主，提举司的恢复就是一个明证。既然要"富国"，从政府拿钱办事就难了。前面提到的王古引蒲涧山水入城、改善广州饮水，工程是完工了，造福一城百姓，但知广州的王古后来却受到了处分，处分的原因是"言者论其常指平岁为凶年，妄散邦财，夺职知袁州"。"夺职"对于文官来讲，是很严重的处分。"平岁"指正常年景，"凶年"指严重歉收的年景。"凶年"要减免赋税，政府收入会相应减少，"指平岁为凶年"，意思是王古向中央瞒报收成，导致广州向开封缴纳的税额减少，"妄散邦财"。保障税收是地方官的重要职责，也与地方官的个人前途挂钩。正常情况下，哪会有地方长官瞒报收成？歉收大概率是真实发生了的。而北方朝廷的不满也是真实发生的。在这样的背景之下，苏轼还要建议修盖营房、修盖浮桥，为当地人民谋福利，实在是不识时务。

东坡过岭

八、贬谪虽无叹,终绝北归望

南宋刘克庄曾经说,苏轼"自绍圣以后诗文,未尝有贬谪之叹"。绍圣元年是苏轼被贬惠州的年份。刘克庄的意思是,东坡过岭之后,诗文之中就再也没有那种感慨命运的"贬谪之叹"了。书信是一种更为私人的文体,在我们前面引到的书信中,苏轼表达出来的是对于个人命运的积极达观,以及对于外部世界的极力改善态度。

我们看到他在惠州白鹤峰上盖房子,就像他曾经在黄州盖房子一样。朱刚老师写的《苏轼十讲》里面特别提到苏轼在贬谪之所到处盖房子,之所以自己盖房,一个现实的原因是谪官不像现任官,没有衙门宿舍可以居住;盖房也是一种"此心安处是吾家"的达观表现。苏轼在白鹤峰上买了地,盖了房,把滞留常州的家小也接了过来,他心爱的朝云最终埋骨惠州。在初到惠州上给朝廷的谢表中,他曾经向皇帝乞怜,说自己"无复首丘之望"。那么,他的心中是否还存着北归之望呢?

苏轼的心中一直都有北归之望。作为一个北宋朝廷的官员,他还是梦想着要回到北方去,重回中央的视野。他绍圣元年闰四月接到贬谪命令,从定州出发,在绍圣元年十月初二抵达惠州,完成了他的过岭之迁。在路上,苏轼不断有诗文提到"北归"这个字眼。绍圣二年九月十四日,在开封的哲宗皇帝举行了明堂大典,祭祀天帝。明堂大典之后发布大赦,赦文抵达惠州会花很长时间,可能得一两个月,在此之前,皇帝明堂大赦的消息就应该抵达了岭南。这次大赦在苏轼心中掀起了希望的波澜。

大约在九月底十月初的时候,苏轼得到了有关大赦的

宋哲宗像

信息，他给程正辅写信，说"又赦后痴望量移稍北，不知可望否"，大赦颁布之后，我痴心妄想能够量移稍北（不解除被管制的命运，但是可以稍微往北方去一点），不知道有没有希望。"兄闻众议如何"，表兄你听到大家怎么说？程之才在韶州，距离北方更近；又是在任实权官员，有更为通达的信息渠道，苏轼问他"有所闻批示也"，有没有听到上面的指示。"报言者论寿州配买茶一事，已施行。仁圣之意，亦可仰测万一也"，苏轼还提到赦文之中有寿州配买茶一事，寿州配买茶，压榨百姓，言者提出批评，朝廷业已纠正，苏轼据此认为，我们的皇帝陛下是主张政策调整的。这封信在苏轼的文集中排号"与程正辅第四十"。写这封信的时候苏轼听到了明堂大赦的消息，但还没有见到赦文。

在接下来的"与程正辅第四十九"，是苏轼读到了赦文之后的反应：

> 某今日伏读赦书，有责降官量移指挥。自惟无状，恐可该此恩命，庶几复得生见岭北江山矣。幸甚。

苏轼终于读到了赦文，他发现其中有这么一条，"责降官"可以"量移"，"责降官"指被贬责到某地监视居住的官员，"量移"指改变居住地，比如更北、离首都更近。苏轼读到了这一条，他自忖"自惟无状，恐可该此恩命"，虽然不像样，但是也许能够享受这一恩泽，如果是这样，有生之年还能再次亲眼看到南岭以北的江山，那是何等的幸运啊。这就是苏轼看到赦文时的想法。

绍圣二年的明堂大赦是九月十九日颁布的，苏轼看到它必定是九月末、十月甚至是十一月以后的事情了。苏轼所不知道的是，早在八月二十一日，赦文颁布之前一个月左右，哲宗就有诏令"应吕大防等永不得引用期数及赦恩叙复"。"吕大防等"包括了苏轼，这一批在政治斗争中遭受打击的人将永远不得引用期数及赦恩叙复，未来的天恩普降已经把他们排除在外。这令政治倾向与吕大防等相同但仍然在位的陈州知州范纯仁感到无比忧愤，二十天之后，九月十日，他"斋戒上奏曰"：

> 窃见吕大防等窜谪江湖，已更年祀，未蒙恩旨，久困拘囚。其人等或年齿衰残，或素萦疾病，不谙水土，气血向衰，骨肉分离，举目无告，将恐溘先朝露，客死异乡，不惟上轸圣怀，亦恐有伤和气。仰惟陛下，圣心仁厚，天纵慈明，法大舜之用中，建皇极而在宥。每颁赦令，不间罪辜，至于斩绞重囚，髡黥徒隶，咸蒙原宥，亦许放移；岂有股肱近臣，簪履旧物，肯忘轸恻，常俾流离？

范纯仁用这样悲愤的语气向皇帝上奏，希望皇帝能够垂怜这些在政治上遭受打击,被贬到远方的曾经的"股肱近臣",可怜他们年纪已老,可怜他们身体衰弱,可怜他们骨肉分离,给他们一点恩典,改善他们的境遇。但结果怎么样?第二天哲宗就批示,"诏范纯仁立异邀名,沮抑朝廷已行之命,可落观文殿大学士,知随州"。所谓"已行之命"指的是八月二十一日诏书,范纯仁抵制朝廷命令,试图靠批评皇帝建立名声,褫夺他"观文殿大学士"的头衔,改知袁州。

八月二十一日已有诏书,吕大防等"永不得引用期数及赦恩叙复";九月十一日,范纯仁因为吕大防等辩护,遭到处分。九月十九日,明堂大礼,颁布大赦,天恩普降。

这一切苏轼无缘得知。十月甚至更晚时候,苏轼读到了赦书,他怀着满腔的期望,在赦文中找寻国家政策回暖、个人命运改善的迹象。但是最终,苏轼还是得知了开封的意向。他在给程之才的信(这封信排第十三)里说:

> 某睹近事,已绝北归之望,然中心甚安之。未说妙理达观,但譬如元是惠州秀才,累举不第,有何不可。知之,免忧。

我看最近的形势已经断绝了北归的愿望,但我的心中是十分安稳的。且不说那些妙理达观,就好比说我生来就是惠州的一个秀才,考了很多次都没有考中,那不就得在惠州终老此生吗？请你了解我的心情，不要为我担忧。

即便如此，苏轼对于赦文之中出现的利民措施还是欣喜的，"访闻诸路转运司，有折科二税过重，致民间输纳倍费，涉于掊剋者，令提举司举察，关提、转先次改正，依条折科讫，奏。此一节非常赦语，必是圣主新意。"就是这样一个在赦文之中仔细阅读，搜寻爱民利国之意的苏轼，在赦文下达之前就已经注定了与皇帝的恩典、开封的雨露无缘。但幸好，这是北宋，是一个不杀士大夫的时代。

绍圣四年（1090年）四月，苏轼遭到了再度贬谪，从惠州贬到儋州，要越海去往天涯海角的海南岛。绍圣四年四月十七日，苏轼启程离惠，到这个时候他的折支券可能还没有兑付，所以他还是很穷的。苏轼把他辛辛苦苦从常州跨越南岭、刚刚抵达白鹤峰新居的家人留在惠州，把朝云的坟墓留在惠州，仍然带着他的小儿子苏过前往海南岛，这一年苏轼六十二岁。

答　问

主持人：谢谢赵老师的分享，赵老师的讲座旁征博引，非常生动、精彩，我们更加深刻了解到了苏东坡被贬惠州意味着什么，广州官员对于谪官苏轼的态度，苏东坡对于广东地方建设的积极参与有了更全面的了解，尤其是我们还看到了赵老师新鲜出炉的研究成果，关于苏轼在惠州期间的提案及实施的情况等等，我们受益匪浅，非常感谢赵老师。接下来留一点时间与赵老师交流互动，大家有什么问题或者想分享的都可以提出。

问：您好赵老师，您刚才讲了很多遍贬到岭南去，在唐代的时候，刘禹锡写过一首诗就再度被贬了，当时他被贬到播州，今天的贵州遵义。柳宗元非常同情他，还想跟他换。我想问一下，这个播州和儋州哪个更惨一点？这是第一个问题。

第二个问题，哲宗当上皇帝的时候八九岁，因为苏东坡是一个支持守旧、反对变法的人，所以太皇太后昭示重新启用了他，于是，苏东坡给哲宗当了两年半的老师。哲宗亲政之后对苏东坡一贬再贬，苏东坡当老师的时候他们之间有没有什么矛盾？谢谢。

答：我也是个老师，我教的人也比较多，问的我也紧张，以后看见学生都要格外小心翼翼了。

你刚才阐述的问题当中有一个我要纠正，至少我是不同意的，苏东坡并不是反对改革，他只是反对王安石的做法。其实那个时代用朱熹的话来讲，"诸君都有变革意"。只不过王安石变法的时候是说，我们只允许这样做。但是，改革，你可以朝这个方向，也可以朝那个方向，王安石说，只有这一个方向是正确的，向北偏一点、向南偏一点都是不对的。苏轼反对的是王安石的某些做法，但是不代表他反对变革。关于这一点，朱刚老师在《苏轼评传》中已经讲过，讲的很好，不是反对变法。

至于播州和儋州哪个更惨，应该说都挺惨的。我们今天眼睛见到的肯定不是古代的，甚至连对山川的感受都不一样。比如一个很高的山，能坐缆车上去你还畏其高吗？尤其能坐缆车下来，就不畏其高。但是古代那个条件非常有限，一千年以前，我觉得不太好作条件的比较，但是可以做心境的比较，自然条件都是被贬谪了，跟首都相较而言都是属于荒蛮之地，岭南又格外的是烟瘴之地，传染病多发，北方人的死亡率在岭南较高。在其他材料里，有一个韶州官员提到到岭南来做官的官员，很多人会死在岭南。他们的家属扶着灵柩回去的时候，到了韶州这个地方需要救助，还有一些没有能力再回去的。这个韶州官员就向朝廷建议，我们这个地方要拿出点钱，对过岭官员（到岭南做官的人），因各种各样的原因无力还乡的给一点救助。再有，我觉得官员贬谪这一点，宋朝官员跟唐朝官员对待贬谪的态度不一样，至少我们很明显看到白居易在《琵琶行》中的感受："同是天涯沦落人，相逢何必曾相识""座中泣下谁最多？江州司马青衫湿"。但是宋朝官员相对来讲要乐观，比如，范仲淹"先天下之忧而忧，后天下之乐而乐"是贬谪中的文章，藤子京也是谪守巴陵郡才修的岳阳楼。宋朝官员对待贬谪，在贬谪之中表达出

东坡过岭　　107

来的达观可能真的是要超过唐朝。换句话说，那个心胸、那个能承担的东西，至少目前我从已经能够看到的文本中感觉宋朝要更开阔一些。

问：赵老师您好，我之前读了两本书，一本是您的《法度与人心》，一本是阎步克先生的《变态与回归：魏晋南北朝的政治历程》，里面引了您的一句话，说我们最可能拥有的就是历史和文化中曾经拥有的，最不可能拥有的就是历史和文化中没有的。然后提出了两千年来中国发生了无数剧变，但最主要的是两千年一贯之的说法，再联系到您在《法度与人心》这本书里，我最有感触、心有戚戚焉的一部分是揭示了神宗、王安石的变法对宋制成果的破坏，然后经历了金元清一步一步持续加剧的政治文化生态恶化，导致华夏本来有的一个宽容传统积累变得荡然无存。所以我想在您这次关于苏东坡的讲座中间，能否在当代再一次借助苏东坡的宽容、放达、乐观的思想资源绽放传统，谢谢。

答：谢谢你，你读书很细，其实阎老师说我们最可能拥有的是历史文化当中有过的，历史学者所做的一个很重要的工作是告诉大家，我们历史文化当中有过什么。历史文化是这样一种东西，它在我们的血脉之中，于不知不觉中影响着我们，我们是被那个文化所化之人。但那个东西有好的、有坏的，历史学者所能做的，是理清楚我们历史文化当中什么是好的东西和坏的东西。对于传统文化，不加区分地赞美，或者不加区分地贬斥，都不对。梳理的工作是历史学者的责任，但是继承过去好的，往前走的更稳，成为一个更好的我们，这个工作是要靠大家。所以，我才会在这里跟大家分享。我能做的很少，就是把我读过的书、把我想的，把我从史料当中读到的东西奉献给大家。由此建设一个更好的我们则需要大家的努力，我们共同努力。

我想今天来到这儿的朋友们是愿意的，我们愿意知道一个更加复杂、更加多元的中国的过去，也是更加真实的过去，我们愿意了解曾经出现过的美好以及这个美好的消散，这样我们才能看得清。只有睁开眼睛、张开耳朵，认真看、认真听，真正看见、听见，才能走的更好、更稳。你们都是比我更好的、更有能力的建设者，我所能做的其实就是分享。谢谢。

苏轼,在司马光与王安石之间

一、学术"免责"声明

谢谢各位先进、各位同侪、各位现场和网络上的朋友,今天我要讲的题目,按照现代学科分类来说,通常是中文系的传统题目。科系之间自觉不自觉的"列国有疆""各自为政",是一个非常有趣的存在。一些非常重要的历史人物,比如苏轼,在传统的现代学科分野中,历史系是不搞的,苏轼归中文系,"我们"(搞历史研究的学者)会引用"他们"(搞文学史的学者)写的文章和著作,但"我们"通常不会"正面直击"苏轼,直接进入以苏轼为核心对象的研究领域。这一方面是因为苏轼在传统上是作为文学史人物被认知的,另一方面还因为苏轼研究已经蔚为大观,按照现代学术规范,想要介入苏轼研究领域,需要对既有相关论著进行全覆盖的阅读、理解和综述,如此一来,可能头发都白了,却还没怎么接触研究对象本身。因此,我决定给自己减负。我受了罗志田教授的一点启发。我记得罗教授在某篇文章中首先表白了对既有研究的尊重,然后声明他是有可能没有看全的,敬请原谅(非原话，大意如此）。所以，我在这儿讲苏轼，也仅仅是就"我读到的"跟大家分享，而并非严格地按照写论文的方式去写，可能有一些东西是别人之前说过的，未必是未发之覆，但一个"学历史的人"来看苏轼，可能总会有一些不一样的地方。

二、解题：通过文本细读"观王""论马"

今天的讲座题目是"苏轼，在王安石与司马光之间"，我想说的是苏轼对王安石、对司马光的态度，他怎么看王，怎么看马，苏轼的"观王"与"论马"。我的方法很简单，就是从文本出发，细读文本。重点是两个文本，"观王"部分最核心的文本是苏轼起草的《王安石赠太傅制》。

司马光像

"论马"的部分有一个副标题是"二苏眼中的司马光",核心文本是苏辙的《亡兄子瞻端明墓志铭》。之所以采取苏辙的文字,是因为苏轼、苏辙兄弟在政治观点、政治人格方面的高度一致性,如此一致的兄弟两人其实很少见。他们的性格有很大差异,苏辙相对沉稳一些,相对锐利,苏轼才子气更重一些,更直一些,但就政治人格、政治见解来讲,大苏与小苏是高度一致的。所以,我在"论马"的题目中把苏辙也加了进来,谈二苏眼中的司马光。

三、"观王":读《王安石赠太傅制》

首先,"观王"。来看苏轼的《王安石赠太傅制》全文:

> 敕。朕式观古初,灼见天意。将有非常之大事,必生希世之异人,使其名高一时,学贯千载;智足以达其道,辩足以行其言;瑰玮之文,足以藻饰万物;卓绝之行,足以风动四方。用能于期岁之间,靡然变天下之俗。
>
> 具官王安石,少学孔、孟,晚师瞿、聃。网罗六艺之遗文,断以己意;糠秕百家之陈迹,作新斯人。
>
> 属熙宁之有为,冠群贤而首用。信任之笃,古今所无。方需功业之成,遽起山林之兴。浮云何有,脱屣如遗。屡争席于渔樵,不乱群于麋鹿。进退之美,

雍容可观。

　　朕方临御之初，哀疚罔极。乃眷三朝之老，邈在大江之南。究观规模，想见风采。岂谓告终之问，在予谅闇之中。胡不百年，为之一涕。于戏，死生用舍之际，孰能违天；赠赙哀荣之文，岂不在我。宠以师臣之位，蔚为儒者之光。庶几有知，服我休命。可。

　　这篇文章是以哲宗皇帝的口吻写的，第一段表达了一个观点"将有非常之大事，必生希世之异人"。具体来说，王安石就是那个为了成就"非常之大事"所诞生出来的"希世之异人"。这"希世之异人"有着怎样的特点呢？名高千古，学贯千载；他的智识足以达成他的想法，而他的辩才足以支持其主张或行动；他的文章瑰玮绮丽，足以藻饰万物；他的行动卓绝，足以风动四方，造成巨大的影响。正因为是这样一个"希世之异人"，所以能够在一年多的时间里就很快地改变了天下的风俗。

　　上面是"词头"部分，一个大帽子盖下去，具有高度的概括性。接下来就到了具体的王安石，"具官王安石"是一个什么样的人？他自幼学习儒家经典，到了晚年又开始接受佛、道两家的东西，也就是说他儒释道兼通。在此基础上，他"罔罗六艺之遗文，断以己意"，对于六经之遗文，即古圣先贤留下来的儒家经典，凭借己意进行判断；"糠粃百家之陈迹，作新斯人"指的是王安石在学术上的创造力，他作成《三经新义》，创造了新的学术。王安石其实是北宋新儒家的第一个能够开宗立派的代表人物，他的新学是北宋第一个像样的学术派别，《三经新义》被立为官学，所以，王安石的经学教育了一代又一代新人。以上是王安石的学术。

接下来一段谈的是王安石的政事，"属熙宁之有为，冠群贤而首用"，熙宁是宋神宗的第一个年号，宋神宗要做大有为之君，成大有为之事，而王安石是冠于群贤、第一个被拔用的，做参知政事，也就是宰相。神宗对于王安石的信任之笃是古今所无的，当时的宰相曾公亮曾经无奈感慨过的，"上与安石如一人，此乃天也"。但是王安石的出处又符合传统君子之美，所谓"君子难进易退"，王安石"方需功业之成，遽起山林之兴"。王安石开启了变法，但还没有等到变法成功，他就忽然起了退意，在熙宁晚期退回到金陵去研究学问，把政坛交还给了神宗。他视富贵、权位如浮云，"进退之美，雍容可观"。按照儒家道德来讲，王安石可以进，进则兼济天下，可以成就一番非常之大事，但同时又是非常能够退的，"退"在儒家思想中是一种非常崇高的美德。

最后一段是以哲宗的口吻表示哀悼，他刚刚即位，对王安石这位三朝元老充满敬意，"乃眷三朝之老，邈在大江之南。究观规模，想见风采"。但是，很不幸，"岂谓告终之问，在予谅闇之中"，哲宗尚在丧服之中，王安石就已遽然离世。"胡不百年,为之一涕","死生用舍之际,孰能违天",是对王安石薨逝的惋惜与无奈。然生死有命,富贵在我,"赠赙哀荣之文,岂不在我"?我则宠以师臣之位,赠其太傅之官。

1. "学""智""辩"说

以上是苏轼《王安石赠太傅制》的全文。刚才我们简单地把它捋了一遍,下面我想就一些细节进行分析。第一,《赠太傅制》说王安石是"将有非常之大事,必生希世之异人",这"希世之异人"究竟是一个怎样的人呢?苏轼在文章里是做了解释的:"名高一时,学贯千载;智足以达其道,辩足以行其言;瑰玮之文,足以藻饰万物;卓绝之行,足以风动四方。"其中涉及"名""学""智""辩""文"以及"行"这样一组词语。那么,苏轼在使用这些词语的时候究竟想要表达什么意思?

要想取得确解,就必须进入苏轼的语言体系。《东坡书传》解释《商书·说命下》"惟学逊志"一句时,是这样说的:

> "逊"之言随也,随其所"志"而得之。志于仁,则所得于学者皆仁也;志于义,则所得于学者皆义也。若志于功利,则所得于学者,皆功利而已。

東坡笠屐圖

持節休誇漢上蘇跨耳應慢牧羊
奴嫌朱綬當年少故作黃冠一
笑娛置跡與公題物外清函為我
襲承禱欣茲絕妙丹青手寫出
坡仙笠屐圖

東坡謫於嶺南一日訪友途中
遇雨從農家假野笠屐著歸
頗人小兒俱各相隨爭哄群犬
相吠東坡曰咲所怪也所怪也覺
坡仙瀟灑出塵之歐數百年來
猶可想見
丙戌小春之月廣陵禹之鼎題于
京師雲眠山館中

李公麟作《蘇軾笠屐圖》

由此,"学贯千载"的"学"是可以有不同的内容指向的,"学"取决于"志":如果你的志向在于仁义,那么学到的就是仁义;如果你的志向、你的目标在于功利,那么学到的都是功利。在苏轼的话语体系当中,"学贯千载"的"学"是多义的,说他"名高一时,学贯千载"未必代表苏轼欣赏王安石的所学。

至于《赠太傅制》中提到的"智"与"辩",苏轼在《东坡书传》中也讲到了"智""辩"二者与"学"的关系,"智足以饰非,辩足以拒谏,皆学之力也。"在《王安石赠太傅制》中,"智"与"辩"是功能性的,"智足以达其道,辩足以行其言"。在《东坡书传》中,"智"和"辩"同样是功能性的,"智足以饰非,辩足以拒谏"。而"智"与"辩"能够达到这样的目的,端赖"学"之力,唯有"学"才可以获得足以饰非、拒谏、达道、行言的"智"与"辩"。

由此,我们可以得到一个结论,在苏轼的话语体系当中,"学""智""辩"本身并不具有肯定性的价值判断,可以为善,可以为恶。他说"名高一时,学贯千载""智足以达其道,辩足以行其言",看上去是在赞美,但只是赞美王安石的学术有力量。至于这个学术究竟是什么,力量所指的方向、所欲达的目的,则未必是积极正面的。

从句式的角度看,"智足以达其道,辩足以行其言"以及"智足以饰非,辩足以拒谏",应当是脱胎于《史记·殷本纪》里说商纣王的话,"帝纣资辨捷疾,闻见甚敏;材力过人,手格猛兽;知足以距谏,言足以饰非;矜人臣以能,高天下以声,以为皆出己之下"。当我们把这两条材料联系起来,再回过头去读"希世之异人者"究竟为何,关于他的"学"、他的"智"、他的"辩"究竟是正面的还是负面的,我们会有一个新的观感。

2. "非常之大事"解

在《王安石赠太傅制》中,"希世之异人"是上天用来成就"非常之大事"的,那么,这个"非常之大事"究竟是什么?从《王安石赠太傅制》文本来看,可以认为指的是王安石能够"于期岁之间,靡然变天下之俗",就是说,他有大气力,能够在很短的时间就改变了天下风俗,这个风俗包括政策走向、政治作风、学术风气等等,汇而总之,可以改变政治传统。王安石之"能变",是事实,然而,苏轼是否赞成"王安石之能变"呢?

大约同一时期,苏轼有一封信是写给张文潜张耒的。其中写道:

> 文字之衰,未有如今日者也。其源实出于王氏。王氏之文,未必不善也,而患在于好使人同己。自孔子不能使人同,颜渊之仁,子路之勇不能以相移。而王氏欲以其学同天下。

这一段和《王安石赠太傅制》的"于期岁之间，靡然变天下之俗"可以打通。因为这两个文本完成的时间，按照孔凡礼的《苏轼年谱》，基本上是同时。一个人的思想会发生变化，古人也是如此，不同时期的看法会有所不同。所以我尽量找的是大约同一时期的著述。在与《王安石赠太傅制》同期的给张耒的信中，苏轼对于王安石"于期岁之间"所变化的那个新的"天下之俗"其实是非常不满的，他说"文字之衰，未有如今日者也"，而"文字之衰"的源头出于王氏，王氏的文章未必不善，王氏文章当时与后世都可以认为是极好的，但是王氏有一个毛病，"好使人同己"，要求别人跟他一样，要求"一道德同风俗"，导致文字衰弊、导致风俗衰弊，导致官僚集团的风气转移，而这个转移苏轼认为是不好的。

接下来，信中出现了一个非常有名的比喻：

> 地之美者，同于生物，不同于所生。惟荒瘠斥卤之地，弥望皆黄茅白苇，此则王氏之同也。

苏轼在这儿说了一句特别常识性但也是特别具有真理意义的话，真正肥沃的土地的相同之处，是能使物生，肥沃的土地善于长养，但不同地块、不同地域、不同环境之下生长出来的生物其实是不相同的，"地之美者，同于生物，不同于所生"。"惟荒瘠斥卤之地"，只有在盐碱滩上、贫

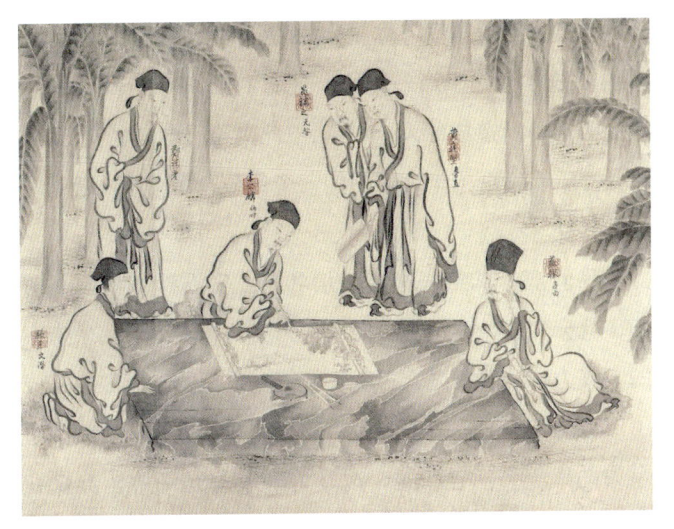

北宋李公麟作《西园雅集图》(摹本局部)

南宋刘松年作《西园雅集图》(局部)

瘠的土地上才会出现"弥望皆黄茅白苇"的现象,只有贫瘠的土地才会是千篇一律的,只能生长黄茅白苇。而这,就是王安石所造成的天下风俗,"此则王氏之同也"。文风只是王安石所变天下之俗中的一个部分,而文风反映了时代的特征。

我们把苏轼给张文潜的信和《王安石赠太傅制》对读,就会理解,苏轼一方面承认王安石确实有着前所未有的大气力,是非常之人,所以能够在很短的时间之内完成了风俗的转移,改变了政策、改变了政治文化、改变了士大夫的风气。但是,这个改变究竟是好是坏呢?苏轼在《王安石赠太傅制》中不便明言,在同期所完成的给张耒的信中却有着明确的表达:王安石不明白"和而不同"的可贵,他追求相同,消灭差异,荒芜了天下风俗,"文字之衰,未有如今日者也,其源实出于王氏"。

四、苏轼之文是否传达司马之意

王安石过世的时候,司马光正在主政,但身体已经非常不好了,不能够正常地去政事堂(中书门下)理政,很多时候是在家里养病。当时摄政的太皇太后对司马光非常信任,司马光的意见可以深刻地影响到甚至可以左右太皇太后和小皇帝的决策,王安石的身后事其实是由司马光和另一位宰相吕公著主导的。司马光在得到王安石的死讯之后给吕公著写了一封信,嘱咐吕公著向太皇太后汇报,这就是传世的《与吕晦叔简二》。这封信奠定了王安石身后哀荣的基调。苏轼当时是中书舍人,"代书王言"。代书者有时候也可以把自己的某些想法掺杂到文字当中,在不改变主旨的前提下表达个人看法。苏轼的《王安石赠太傅制》是在司马光思想指导下完成的。那么,苏轼之文是否传递了司马光之意?接下来,我们观察苏轼之文与司马光之意之间的关系。

先来看司马光的《与吕晦叔简》:

> 介甫文章、节义过人处甚多,但性不晓事,而喜遂非。致忠直疎远,谗佞辐辏,败坏百度,以至于此。今方矫其失,革其弊,不幸介甫谢世,反复之徒必诋毁百端。光意以谓朝廷特宜优加厚礼,以振起浮薄之风。苟有所得,辄以上闻。不识晦叔以为如何?更不烦答以笔札。庭前力言,则全仗晦叔也。

司马光对王安石的评价前后高度一致,如信中所示,论到文章和节义,王安石过人之处非常之多,但是,王安石的品性是不甚通达事理的,"而喜遂非",比较刚愎自用。正因如此,那些忠直的人们都疏远了他,聚集在他身边的多是奸邪小人,比如当时一致被视为小人的吕惠卿,这些人包围了王安石,导致王安石所主导的变法"败坏百度",

苏轼,在司马光与王安石之间　125

这是司马光对王安石新法的一个总体评价——这个评价未必准确,但是司马光是这样认为的。如今神宗过世,反对派上台,正要矫正王安石的缺失,革除新法所造成的弊端。站在司马光的立场上看,王安石的政策是错误的,但是这个人,司马光还是欣赏和佩服的,至少是欣赏。在这个时候,朝廷要进行大幅度的政策和政治风气调整,本来就不可避免地会动摇人心,特别是那些在过去十几年中追随王安石路线的人,以及在王安石思想指导下成长起来的一代人,必然会有想法。而王安石恰好在这个时候不幸过世,如果朝廷在王安石身后哀荣问题上处理不当,"反覆之徒必诋毁百端",那些善变的人必然会趁机对王安石落井下石,大加诋毁,而诋毁王安石是极不利于团结也不利于政策调整的。所以,司马光说,我认为朝廷应当对王安石"优加厚礼"。对先朝大臣优加厚礼,可以"振起浮薄之风",重新回到仁宗朝的宽容政治,这是司马光非常重要的出发点。晦叔就是吕公著的字,司马光对吕公著说"不知晦叔以为如何",他嘱咐吕公著不必回信,但"宸前力言",去跟太皇太后汇报时极力为王安石争取身后哀荣,"则全仗晦叔也",一定要劝说太皇太后把个人恩怨放在一边,对王安石厚加叙赙。

对于王安石的政事,司马光当然是坚决反对的,所以要"矫其失,革其弊",但是对于王安石这个人,司马光还是能够一分为二的,而且他承认王安石作为之前的政治领袖有着巨大的影响力，因此，对于王安石的后事必须妥善处理，优加厚礼，以防止"反覆之徒"落井下石，由此振起浮薄之风。要改善被王安石毁坏了的政治风气，这是司马光的意图。

我们回过头来看苏轼之文是不是传达了司马光的意思。《王安石赠太傅制》说"敕。朕式观古初，灼见天意。将有非常之大事，必生希世之异人，使其名高一时，学贯千载；智足以达其道，辩足以行其言；瑰玮之文，足以藻饰万物；卓绝之行，足以风动四方。用能于期岁之间，靡然变天下之俗。"这个评价非常之高，可以视为"文章节义，过人之处甚多"的一个更高级、更文雅的版本。

"具官王安石，少学孔、孟，晚师瞿、聃。网罗六艺之遗文，断以己意；糠秕百家之陈迹，作新斯人。"这段话是对王安石学术的评价，可以解读为，他的学问是综合了儒释道三家的，或者换一个角度说，王安石不是纯儒。"网罗六艺之遗文，断以己意；糠秕百家之陈迹，作新斯人"，我们今天可以做非常正面、积极的解释，那便是，王安石是一个极具创造力的人。王安石的创造力是那个时代的同辈士大夫中数一数二的，他的思想出圈之处甚多。五代时期的冯道，曾经"历任四朝，三入中书，在相位二十余年"，不曾把自己的忠诚绑定给任何一个皇帝、一个朝代，欧阳修的《新五代史》把冯道列在杂传之首，认为他是毫无忠诚可言的无耻之徒，但王安石"雅爱冯道"。

王安石思想中革命性的东西是非常多的。他的科举改革甚至把六经之一的《春秋》踢出了考试范围。如果站在传统儒家的角度看，则王安石绝对称不上是纯儒，而王安石也从未追求过儒家的纯粹。就王安石的学术而言，《王安石赠太傅制》是写实的。

下面一段"属熙宁之有为，冠群贤而首用。信任之笃，古今所无"，这也是实写神宗对王安石的信与用，再接下来就是"方需功业之成，遽起山林之兴。浮云何有，脱屣如遗。屡争席于渔樵，不乱群于麋鹿。进退之美，雍容可观"。这其中忽略了什么？我们今天谈王安石，重点谈什么？哪怕是在简单的历史课本当中，我们提到王安石时，都是把他作为政治改革家来讲的。但是，《王安石赠太傅制》则完全忽略了安石相业。司马光和苏轼对安石相业的评价基本上是负面的，所以他们都干脆不提。司马光说王安石"但性不晓事，而喜遂非"，绝口不谈安石相业。苏轼在《王安石赠太傅制》这样一个官方的盖棺论定文本中也根本不提安石相业，只说先帝高度信任他，他得到了大用，但大用之后结果如何呢？不提，不提就是否定最客气的表达方式。因为当时正在进行的政策调整是急刹车、急转弯。诚如司马光所言，在这种情势之下，"不幸介甫谢世，反覆之徒必诋毁百端"，如果在这个时候，在这样一个官方文本里对安石相业进行正面评价，无论怎样说，都必然引起巨大混乱，所以苏轼只说先帝的信任之笃古今所无,只说王安石的进退之美雍容可观,说他是一个儒家的君子,文章节义过人之处甚多。

可以说,苏轼的《王安石赠太傅制》完整而理想地传达了司马光之意,在对王安石的评价上他们基本一致。笔记小说中常常津津乐道苏轼自黄州流放回来如何拜见王安石,又写了什么诗,还表示要搬家到王安石旁边跟他做邻居。这是很可能发生的。王安石、苏轼、司马光都是真正的君子,可以有君子之交,和而不同,而苏轼、司马光都有"和"的一面,苏轼"和"的那一面又更加突出,他的包容度是非常之大的。我们要探讨作为政治人和思想者的苏轼对王安石的态度,还是要看这些真正能达意的文本,佳话只作佳话说说可也。我想举一个类似的例子。神宗即位,召王安石回首都,王安石从金陵回到开封之前要租房子,就派了他的儿子王雱找房。王雱跟人说房子不好找,旁人不理解,说你爸爸要租房子,谁都愿意租给他,为什么不好找?王雱回答说,我爸爸在家里常常教导我们说司马十二丈教导子孙的家法有可观之处,希望能住近一点,让我们有机会向他学习。司马十二丈就是司马光。王安石说租房子一定要做司马光的邻居,这能说明两个人在当时政治观点高度一致吗?当然不能。人是立体的,这些崇高的人在品德上都是一流的,他们不会那么狭隘,更不会因为对这个人某一方面的肯定就否定了自己对他另一方面的批评。苏轼之"观王"也是同样道理,论才华论学术惺惺相惜，论政事论作风不敢苟同。

五、二苏"论马"

1. 许靖之喻

下面我们来看苏轼的"论马"。苏轼与司马光之间，有一个很有意思的故事。苏辙的《亡兄子瞻端明墓志铭》里提到哲宗初年，苏轼奉召还朝，担任吏部郎中。当时的门下侍郎司马光和知枢密院章惇章子厚跟苏轼的关系都很好，但是这两个人谁也看不上谁，"冰炭不相入"，其实主要是章惇看不上司马光，"子厚每以谑侮困君实"。章惇绝顶聪明，又绝顶骄傲。他嘉祐二年（1057年）跟苏轼、苏辙兄弟一起考中进士，因为当科的状元是本家侄子，侄在叔上，不能接受，于是回家重考。而司马光是一个特别老实的人，甚至有些迟钝、迂腐。所以章惇很看不上司马光，常常当面为难他，"君实苦之，求助于公"。司马光求苏轼去找章惇说和。苏轼见了章惇，跟他说什么？他说司马光"时望甚重"，非常有声望、有影响力，尽管很笨。接下来他引了《三国志·蜀书·法正传》，说："司马君实时望甚重。昔许靖以虚名无实见鄙于蜀先主，法正曰'靖之浮誉，播流四海，若不加礼，必以贱贤为累。'先主纳之，乃以靖为司徒。许靖且不可慢，况君实乎？"三国时候，许靖

"以虚名无实见鄙于蜀先主"，许靖这个人徒有虚名，没什么实际才干和能力，刘备本来是看不上许靖的。但是法正劝说，许靖虽然没有真材实料，但是名声满天下；因此，如果你不尊重许靖，那么别人一定会认为你不重视人才。刘备从谏如流，采纳了法正的建议，召许靖为司徒。说完了许靖的故事之后，苏轼对章惇说，像许靖这样的一个人都不可怠慢，更何况是司马光呢？章惇觉得苏轼说得有道理，多多少少改善了对待司马光的态度，于是"君实赖以少安"。

在这个故事中，我们能够看到：一方面，司马光的确是敦厚长者，他是苏轼、章惇的前辈，深受太皇太后的信任，大权在握，但仍然恪守着从青壮年时期便已习得的谦逊，哪怕是对傲慢促狭的章惇，也不愿以势力相加，而是私底下求苏轼说和。司马光的谦逊来自仁宗朝的宽容政治，也是他念兹在兹、身体力行、努力恢复的美好。另一方面，章惇的确是才思敏捷、语言犀利，他的判断力、理性思维能力超出司马光许多，但是他的政治格局不够，气量不够，他被傲慢遮蔽了视线，对政治形势的复杂险恶也估量不够。苏轼沟通于司马光和章惇之间。他没有直接说司马光是"虚名无实"的，但他把司马光比作了许靖，说许靖是"以虚名无实见鄙于蜀先主"。苏轼是一个才子气很重的人，章惇尽管不以文学才华著称，但也是一个聪明绝顶的才子，而且为人极其尖刻，从骨子里看不起司马光这种迁缓迟钝的人。从某种意义上说，章惇是没有能力、没有度量理解到司马光这种人的高明的。苏轼以司马光比许靖，不经意间流露出来的，是才子对于普通人的居高临下。

2. 役法改革分歧

那么，苏轼与司马光之间的关系究竟如何呢？特别是在司马光执政以后苏马关系如何？苏辙的《亡兄子瞻端明墓志铭》里面提到一个情节，比较长，但是很重要，我们边读边解释：

> 时君实方议改免役为差役。差役行于祖宗之世，法久多弊，编户充役不习，官府吏虐使之，多以破产，而狭乡之民或有不得休息者。先帝知其然，故为免役，使民以户高下出钱而无执役之苦。行法者不循上意，于雇役实费之外，取钱过多，民遂以病。若量出为入，毋多取于民，则足矣。

这里的重点是役法改革。司马光主持政局之后，在政策上是要一股脑推翻王安石的，在役法方面，他要推翻王安石和神宗所实行的免役法，回到仁宗朝的差役法。差役法也是有弊端的，普通人临时为官府服务，不熟悉衙门规矩，受到胥吏的压榨盘剥，多有因此破产的，又因为是轮差，人口少的地方老百姓几乎得不到休息。因为差役法有弊端,所以神宗-王安石进行改革,改行免役法,让老百姓按等级出钱代役,官府雇人执役。免役法立法的本意是好的,但是执行者不能遵循上边的意思,钱收的太多,原本服役的人除了交免役钱以外还要交免役宽剩钱,原本不服役的人也要交助役钱。免役法的弊端是"取钱过多",这其实是无法避免、必然发生的,因为王安石变法的核心目标就是"理财",即增加政府财政收入。苏轼、苏辙兄弟综合差役、免役二法的利弊,认为免役法若能做到"量出为入,毋多取于民",还是优于差役法的。这就跟司马光的政策主张发生了矛盾。而司马光的主张,苏轼兄弟是看不上的,所以,《墓志铭》接下来说:

> 君实为人,忠信有余而才智不足,知免役之害而不知其利,欲一切以差役代之。方差官置局,公亦与其选,独以实告,而君实始不悦矣。尝见之政事堂,条陈不可。君实忿然,公曰:"昔韩魏公刺陕西义勇,公为谏官,争之甚力,魏公不乐,公亦不顾,轼昔闻公道其详。岂今日作相,不许轼尽言耶?"君实笑而止。公知言不用,乞补外,不许。君实始怒,有逐公意矣,会其病卒,乃已。

宋朝开国至英宗朝一百年,行差役法;神宗朝改行免役法,免役法推行了十几年之后,司马光要全盘回到差

苏轼,在司马光与王安石之间　　133

役。差役有差役的问题，免役有免役的问题，而司马光全然不顾地区、役种差异，没有进行调查研究就要一股脑推翻免役法，"欲一切以差役代之"，一意孤行，何其颟顸。"方差官置局，公亦与其选，独以实告，而君实始不悦矣。"因为要改免役为差役，临时设置了"役法改革办公室"，苏轼也在里面，所有这些人只有苏轼一个人实话实说，告诉司马光全盘推翻免役改行差役是行不通的。苏轼的直言不讳让司马光开始感到不悦。

苏轼曾经跑到政事堂（宰相办公厅）面见司马光，一条一条分析全面恢复差役法为何不可行，这就惹恼了司马光。这时候苏轼提到了一件往事，说："昔韩魏公刺陕西义勇，公为谏官，争之甚力，魏公不乐，公亦不顾。轼昔闻公道其详，岂今日作相，不许轼尽言耶？"这段话的引用率极高。韩魏公指韩琦，仁宗朝韩琦做宰相，因为西北用兵，要把陕西的义勇（民兵）全部都刺面为兵。司马光当时是谏官，专司批评，强烈反对，跑到政事堂去，跟韩琦据理力争。韩琦很生气，但是司马光根本不理会他的情绪，该说什么说什么。苏轼对司马光说，"这件事，我以前听你亲口详详细细地讲过。难道说你今天做了宰相，就不许我把话说明白了吗？！"司马光听到这话就笑了，"君实笑而止"，这场不愉快的会面到此结束。

而苏轼与司马光之间的关系还要继续。苏轼已心生芥蒂，"知言不用"，知道自己的意见不会被采纳，于是就请求"补外",到外地去做官。苏轼的请求未得朝廷允许,却激怒了司马光。"君实始怒,有逐公意矣,会其病卒,乃已。"司马光很生气,产生了驱逐苏轼的想法,只是他很快就生病过世,对苏轼的反感没有产生实际效果。《墓志铭》接着说:

> 时台谏官多君实之人,皆希合以求进,恶公以直形己,争求公瑕疵。既不可得,则因缘熙宁谤讪之说以病公,公自是不安于朝矣。

这段话的意思是,当时的台谏官(负责批评的官)大部分是司马光的人,他们为了升官努力迎合司马光,特别讨厌苏轼这种以批评者立朝的形象,自惭形秽,就都争着挑苏轼的毛病,可是又找不着什么毛病,于是就拿熙宁年间"谤讪朝政"的说法来为难苏轼。从那以后,苏轼在朝中就很难安稳立足了。

以上就是《亡兄子瞻端明墓志铭》所描述的司马光当政之后的苏马关系。其中大有问题。"君实始怒,有逐公意矣,会其病卒,乃

苏辙像

苏轼,在司马光与王安石之间　135

已。"纯属揣测之说,"意"是想法,想法不发为行为,外人缘何得知?说司马光有驱逐苏轼的想法,纯属苏辙臆测,司马光未必这样想。苏辙又说"台谏官多君实之人",岂不亏心乎?为什么说苏辙亏心?因为苏辙本人就是当时的谏官,而且是司马光推荐的谏官。综上所述,苏辙在《亡兄子瞻端明墓志铭》中所谈到的司马光一意孤行,改免役为差役,听不进不同意见,这一点是可以接受的,但他说司马光有驱逐苏轼的想法,隐而未发,则不能成立。苏辙为什么这样说,我们后面再分析。

3. 君实的"忠信"与"才智"

上文所引《亡兄子瞻端明墓志铭》里有一句话,是对司马光其人的总体评价,值得一说。这句话是"君实为人,忠信有余而才智不足"。苏辙在自书传记《颍滨遗老传》里说"司马君实既以清德雅望专任朝政,然其为人不达吏事",这与"君实为人,忠信有余而才智不足"可成互文。"清德雅望"对应"忠信","忠信"发乎中,"清德雅望"见乎外;"不达吏事"对应"才智不足","才智不足"为里,"不达吏事"是表,表里相应。

《颍滨遗老传》和《亡兄子瞻端明墓志铭》都是苏辙晚年痛定思痛回首前尘时的说法。那么,当司马光当政之时,兄弟俩对司马光是不是这个认识呢?

苏辙在当时就是这样认为的。他有一篇非常重要的

《乞选用执政状》，一直不被学术界重视。这篇奏状上于元祐二年二月二十七日。这时候还是新旧并用，门下侍郎已经是司马光，同时还有一个被认为是旧党的吕公著也在台上。苏辙则是受到司马光、吕公著推荐的新任谏官。如题所示，《乞选用执政状》的批评对象正是当时的宰相群体：

> 今二圣拱默，恭己无为，责成于执政大臣，大臣又皆偷合苟容，无足赖者。……谨按左仆射蔡确，憸佞刻深，以狱吏进；右仆射韩缜，识闇性暴，才疏行污；枢密使章惇，虽有应务之才，而其为人难以独任；门下侍郎司马光，尚书左丞吕公著，虽有忧国之志，而才不逮心。至若张璪、李清臣、安焘，皆斗筲之人，持禄固位，安能为有，安能为无！……伏愿陛下思祖宗付嘱之重，深察方今事势为至艰至危之时，早赐罢免缜二人，别择大臣负天下重望、有过人之高才而忠于社稷有死无二者，以代之。上以肃正群臣异同之论，下以弹压四海奸雄之心，然后陛下高枕而卧，天下无事矣。

在苏辙的眼里，"大臣又皆偷合苟容，无足赖者"。当时在位的所有宰相大臣都是不值得倚靠的，他说的所有大臣既包括蔡确、韩缜、章惇这些神宗留下来的所谓新党人物，也包括司马光、吕公著这样的旧党领袖。当然，苏辙建议太皇太后和皇帝罢免的仅仅是蔡确、韩缜两位，可是司马光和吕公著这两位，在苏辙看来却也绝不是合格的宰相，"门下侍郎司马光、尚书左丞吕公著，虽有忧国之志，而才不逮心"。

元祐元年三月十一日，苏辙继续攻讦韩缜，上《乞责降韩缜第七状》，其中又提到了司马光："陛下用司马光为相，虽应物之才有所不周，而清德雅望贤愚同敬。"这个评价是"才不逮心"的扩展版，遥相呼应了苏辙晚年所说的"君实为人，忠信有余而才智不足"，"司马君实既以清德雅望专任朝政，然其为人不达吏事"。司马光道德崇高，贤愚同敬，有清德雅望，但是缺乏宰相之才，难以应对复杂的政治局面。这就是苏辙对司马光一以贯之的看法，也是苏轼对司马光的看法。苏轼对章惇说"司马光君实时望甚重"，又用"虚名无实"的许靖作比来劝说章惇不可对司马光无礼，便是证据。

在《乞选用执政状》中，苏辙否定了包括司马光在内的所有宰执，建议太皇太后与皇帝"别择大臣负天下重望、有过人之高才而忠于社稷有死无二者，以代之"。他说的是谁？我一直好奇。如果从现存资料来看的话，似乎只有张方平才符合这个标准，苏轼给张方平写的《张文定公墓志铭》这样说："帝闵下俗，异人乃出。是生我公，龙章凤姿。翔于千仞，世挽留之。浩然直前，有碍则止。放为江河，汇为沼沚。""帝闵下俗，异人乃出"与《王安石赠太傅制》的"将有非常之大事，必生希世之异人"如出一辙。但张方平是范仲淹代际的政治家，元祐元年已经八十岁，实在是老人家了。倘若不是张方平，那是谁？苏辙内举不避亲，说的是乃兄苏轼？苏轼元祐元年五十岁，政治资历略浅，但也不是没有可能。苏辙眼中的苏轼是什么样的人？"王介甫用事，多所建立。公与介甫议论素异……介甫之党皆不悦，命摄开封推官，意以多事困之。公决断精敏，声问益远。"王安石排斥他，"公未尝以一言自辩，乞外任避之，通判杭州。是时，四方行青苗、免役、市易，浙西兼行水利、盐法，公于其间，常因法以便民，民赖以少安"。苏轼苏辙兄弟自认属于忠信、才华、能力并茂的一流人物，而司马光显然不在其列。

4. 苏辙的作者之意

回到《亡兄子瞻端明墓志铭》，在对苏轼-司马光关系的描述中，苏辙特别强调对立的一面，或者更准确地说，苏辙特别强调司马光对苏轼的不满，比如"君实始怒，有逐公意矣，会其病卒，乃已"。又比如"时台谏官多君实之人，皆希合以求进，恶公以直形己，争求公瑕疵"。这其中，如果从苏氏兄弟的内在感受来说，可能有真实的成分，但就事实而言，不乏漏洞，如说"台谏官多君实之人"，则苏辙本人当时即为谏官。

苏辙为什么要这样说？原因不难推知，当他为苏轼作

《亡兄子瞻端明墓志铭》的时候已经到了徽宗朝。经历了政治上的翻云覆雨、起起落落之后，后死的苏辙用他的笔为兄弟两人做了生平清理、阐释、评价，为哥哥写了《亡兄子瞻端明墓志铭》，为自己写了《颖滨遗老传》，唯恐论定的权柄落入他人之手。这个时候掌权的是王安石旧人一派，因此苏辙有必要把兄弟二人与司马光之间的关系做一番更有利于己方的梳理。文章是写给活着的人看的，永远都是这样。

六、苏轼兄弟的马王渊源

1. 苏轼自述马苏关系

上文的"论马"部分，我引用的文本大半是苏辙的作品，而苏辙的马苏关系叙述倾向，受到写作时期现实政治形势的影响，不无偏颇。按照《亡兄子瞻端明墓志铭》，司马光过世之前就已经有了驱逐苏轼的心思，只不过"会其卒，不果"。司马光卒于元祐元年九月初一，元祐二年，苏轼作《与杨元素书》，全文如下：

> 某近数章请郡，未允。数日来，杜门待命，期于必得耳。公必闻其略，盖为台谏所不容也。昔之君子，惟荆是师。今之君子，惟温是随。所随不同，其为随，

一也。老弟与温相知至深，始终无间，然多不随耳。致此烦言，盖始于此。然进退得丧，齐之久矣，皆不足道。老兄相知之深，恐愿闻之，不须为人言也。令子必得信，计安。

这段话披露了更多的信息。司马光死后，苏轼确实受到了来自台谏的攻击，但是这种攻击的源头不是司马光，而是程颐。苏轼得罪了程颐，因此受到程门的攻击。之后，苏轼对士风表达了严厉的批评，指出"昔之君子，惟荆是师"，神宗朝坚持王安石路线，那时候所谓的"君子"唯荆公王安石马首是瞻；"今之君子，惟温是随"，如今司马光派当政，今天所谓的"君子"则一切追随司马光；"所随不同，其为随，一也"，尽管他们在不同

清·费丹旭《东坡居士像》

苏轼，在司马光与王安石之间　　141

时期不同的权势背景之下所追随的人是不同的，但是，他们这种没有主见、无论是非的追随当权者的态度是一以贯之的。接下来转回自己，苏轼夫子自道，说："老弟与温相知至深，始终无间，然多不随耳。"我与温公相知至深，始终无间，但我对他很少随声附和，我是一个真正的批评者。苏轼是一个能够守其初心始终不变的人。按照我粗略划分的北宋政治代际，苏轼、苏辙晚于司马光和王安石的代际一辈，晚于范仲淹－韩琦－欧阳修的代际两辈。他们很早就得到范仲淹代际的欧阳修、韩琦等人的提拔、赏识、培养，两兄弟的人格就是在那个时代奠定下来的，任凭后来的政治风云如何变幻，他们独立自由的精神追求始终不曾改变。

苏轼说"老弟与温相知至深，始终无间，然多不随耳"，我虽然与司马温公政见不合，我批评他，但我与他相知至深，始终无间。这是元祐二年，司马光过世后，苏轼本人在给好友信中的真情流露。它与苏辙在《亡兄子瞻端明墓志铭》中时移世易、沧海桑田之后的有意表述完全不同。苏轼（应该也包括苏辙）对司马光的短于才智有着清醒的认识，但是，这丝毫不妨碍他与温公的始终无间。

2. 嘉祐制科风波

苏轼、苏辙兄弟和王安石、司马光的渊源是大不同的，他们彼此之间的不同关系可以追溯到嘉祐六年（1061

年）的制科考试。这一年，两兄弟都参加了"贤良方正能直言极谏"科的考试。苏轼一帆风顺，以第三等被录取。第三等其实就是第一等，因为一、二等始终空缺。而苏辙则是以"第四等次"通过的，这个"第四等次"是为苏辙专设的等级。为什么要给苏辙专设一个等次呢？

苏辙的录取可谓一波三折。他严重跑题，文不对题的大肆批评仁宗皇帝，"对语最切直"，所以究竟是否录取苏辙就变成了当时的一个大议题。初考官因其跑题建议淘汰，覆考"谏官司马光考其策，入三等，翰林学士范镇难之，欲降其等"。最终是仁宗说："'求直言而以直弃之，天下其谓我何！'乃收入第四等次"，专门给他设了一个奖等次。司马光是赏识苏辙的，他是苏轼苏辙兄弟制科考试的"座师"。

录取终于无碍，除官又生风波。"知制诰王安石疑辙右宰相，专攻人主，比之谷永，不肯为词。"王安石怀疑苏辙就像汉代的谷永，偏袒宰相，专门攻击皇帝，拒绝为苏辙起草告词。宰相韩琦说："彼策谓宰相不足用，欲得娄师德、郝处俊而用之，尚以谷永疑之乎？！"朝廷于是换了一个知制诰沈遘来为苏辙起草告词，沈遘"亦考官也，乃为之辞"。韩琦用魔法打败魔法，才没有让苏辙的制科风波继续发酵。

如果我们把马苏关系和王苏关系回溯到嘉祐六年，就会赫然发现，他们生命之中的某些相遇和冲突早已发生。

苏轼，在司马光与王安石之间　　143

如果从才华角度、才能角度，苏轼、苏辙兄弟是看不上司马光的。但如果从政治大节角度，他们的立场则更偏向司马光一些，只不过他们遗憾的是司马光没有能力做到本来应该可以做到的事情。

我讲到这里，谢谢大家。

答　问

1.史学研究如何"入门"

问：我想请问您，作为历史研究者，要怎样才能在这样有限的史料之中寻找出自己的新观点，或者怎么从历史系的一个学生成长为一位历史学研究者？您有没有一些对于历史系学生的小建议或者小帮助呢？

答：我们在评价学生的时候，会说他"入门了"没有，什么叫"入门了"？也就是比较像一个研究者了。研究者是目标明确、功夫深入的学习者。一方面要读论著。多读前人的论著就会知道学术界在讨论哪些问题，这些问题是如何成立的，横向的同时代的学术共同体的各分子，纵向的不同代际的学者前仆后继，从哪些方面对学术有所推进。在成为一个研究者之前、之初，以及在此后岁月中持续不断地研究，我们都要读别人的研究论著，了解进展和前沿。另一方面要读材料。读论文的时候其实已经开始有了对材料的初步阅读，真正有效的读材料，不仅仅要读被前人引用的那一段，还要把他所引用的那一段"回放"到原来的文本当中，读一篇、读全体，在全体中理解一段，延伸一段。我们学习的途径是：课本，而后研究论著，而后材料。知识生产的路径则相反，先是材料，而后论著，再后课本。

我们在没有成为学者之前的那些初心问题、有趣的问题、外行问的问题，我觉得其实都是有意义、有价值的，只不过材料未必能够提供答案。我们今天看到的材料是非常有限的，而这些有限的遗存沉睡在黑暗里，若要看得见，就必须有光打上去。光就是我们所问的问题，是我们的好奇。什么样的光，从哪个角度打上去，会照出不一样的东西来。研究者就好像是探矿一样，戴着头灯就出发了，他往这边看、往那边看，在头灯的光亮照射下，他看见、挖掘、探索、前行，原本有一些不重要的无意义的东西、散乱无序的东西，随着学者的学术兴趣、学术态度、学术观点的变化，渐渐成为重要的、有意义的，显露出其价值。学者立足于他本人所处的这个时代，为时代所召唤又努力对抗时代的下沉或轻飏。

我们今天处在一个数据库建设日渐完善的时代，常见的史料数据库里都有，而且可以找到不同版本，但是我们并没有因此变得比之前的学者更博学。比如唐长孺先生那个代际，他搞唐代的内诸司使研究，多提了一两条材料，就是极大的功力，因为这是他读书读出来的。今天我们在数据库里输入合适的关键词，"哗"一下子就出来一大堆材

苏轼，在司马光与王安石之间　　145

料。因此，能找到史料已经不是功力了，功力体现在细读。我们已经进入了一个史料细读的时代，而史料细读能力对学者提出了更高要求。你还是要"读"而不是仅仅"用"史料。"读"，要了解文本的性质、作者的意图、流传的次第，要有耐心，通篇读下来对片段会有更为深刻的理解。

2.苏轼的脱困之道

问：苏东坡虽然很旷达，但一度不合时宜，当一个环境不太适合他的时候，他是不是可以换一换脚下的这片土地？比如说，仁宗朝有两个读书人，一个叫张元，一个叫吴昊，在北宋混不下去跑到了西夏，后来大发神威，"夏竦何曾耸，韩琦未足奇。满川龙虎辈，犹自说兵机"。我们以现代公民眼光来看，张元、吴昊这样的行为是否可取？谢谢老师。

答：这位朋友对苏轼所处时代的判断是比较准确的，苏轼所处的代际，当兄弟俩服完丧后回到朝廷，其实真正能够实现治国平天下理想的空间已经越来越小了。那么这个代际的士大夫，当治国平天下已经几乎成为不可能之后，要怎么办？苏轼的做法其实是回到自己，守住自己，他的晚年总结是"问汝平生功业，黄州、惠州、儋州"。从治平的角度来看，黄州、惠州、儋州其实是无所谓功业可言的，但却成就了千古一人的苏东坡。苏东坡是独一无二的，可以说所有中国人都知道他，并且都爱他。这样一个人，如果一生平顺，其实是不可能造就的。而且苏轼的脾气恐怕也做不了宰相，最多能做到副宰相。如果没有乌台诗案以及后来的颠沛流离，其实他也不过是宋代那些优秀士大夫当中的一员，独一无二的苏东坡只能是黄州、惠州、儋州所成就的。换一个角度来讲，当向外不可能的时候，是不是还有一种可能，向内成就一个更好、更快乐的自我？王安石年轻时说过一句话，我觉得是对的，"已然而然，君子也"，"不以物喜不以己悲"，永远保持心中的是非，无愧于心。至于在哪里，你刚才所举的例子当中，在当时那个背景之下，如果他们仅仅是跑到西夏土地上过美好生活毫无问题，如果变成了一个敌对力量，就非我所知了。

3. 在代际规定中努力向上

问：我个人非常喜欢宋朝的政治、社会、人文精神，对于苏轼个人也特别喜欢，请问赵教授从历史角度，历史宏观和个人微观之间的关系，就是从宋朝背景和苏轼个人关系看，还有从研究方面有哪些更好的视角？

答：其实所有人都生活在他的代际规范之中，没有谁能逃出自己的代际命运，全世界都一样，谁也逃不出自己的代际命运，代际命运有一个最低值和最高值，最优秀的人大概快到最高值了，但是很少有人能超越自己的时代。在一个代际中如何做一个更好的自我，并尽可能影响时代，是包括苏轼在内的每一个人的生命课题。

帝制时期的王朝政治：
我的想法和做法

一、最难的一讲

今天的讲座是我在教大五讲中最难的一个，因为我受的历史学训练相对而言是要求做很实在的题目、很细的东西。我1988年上大学，1998年取得博士学位，有幸留校，开始教书。在这个时间段中，中国大陆学术界从之前那种关注宏大叙事回归到历史学本真的一些考据、朴学的东西，关注点转向相对细碎的题目。这是我受到的训练。而我今天要讲的这个题目很大，是一个"靠谱的历史学者"通常不敢讲的题目。我曾经跟系里的一位同事讲过，我打算写这么一篇文章，你看行不行？他听完之后，看着我说："你要不还是只写宋朝吧？"他不太同意。但我还是很希望能够跟大家分享一下我对这个大问题的一点思考。

我一向认为，我们可以做很细碎的小题目，但这个小题目一定是在大的结构当中能够构成意义的。在过去的十多年中，我做的都是非常具体的研究。我从2010年开始做有关宋代人物的研究、写作和公众传播，我讲过寇准，讲过司马光，讲过包拯和范仲淹。大家看到的是我在讲故事，讲宋朝人物的历史故事，但在这些故事的背后，我有一个大的关照，那就是帝制时期王朝政治的兴衰。

二、"庆历新政"漏掉了什么？

帝制时期的王朝政治，最关键的因素是什么？皇帝。但是这个关键因素却常常被忽略。以下是上海辞书出版社2000年版《中国历史大辞典》中的"庆历新政"词条：

> 庆历新政　北宋仁宗庆历年间的政治改革。宋初以来，大地主兼并土地日益剧烈，景祐以后，宋夏战争爆发，加以契丹渝盟，军费与岁币增加，农民负担更重。庆历时，各地陆续发生农民起义。统治阶级部分人士为克服危机，相继提出改革意见。庆历三年（1043）八月，范仲淹任参知政事，富弼为枢密副使。九月，他们提出十项改革方案：明黜陟，抑侥幸，精贡举，择官长，均公田，厚农桑，修武备，减徭役，覃恩信，重命令。疏上，大部都被仁宗采纳，颁行全国，号称"庆历新政"。但因新政限制大官僚大地主特权，实行时遇到强烈反对，不久即罢。

这是一个特别常见、非常经典，也相当权威的名词解释。庆历新政，是北宋仁宗庆历年间的政治改革，这是定性。接下来说背景，"宋初以来"以至"庆历时"，矛盾积累，危机加剧，宋朝政府陷入了内外交困的局面之中，要寻出路，不得不求新突变，要改革。接下来就是有关改革本身的叙述，首先是主导者——参知政事范仲淹，是副宰相；枢密副使富弼，是宋朝军事管理机关的次长；职务上是中书省和枢密院的副手，实际上是改革的两位主要领导。其次是改革方案，共计十项，出自范仲淹的《答手诏条陈十事书》。再次是改革进程，仁宗采纳大部分改革方案，颁行全国。最后是改革的结果——失败，失败的原因是阻力太大。

宋仁宗像

作为一个政治事件（改革）的名词解释，《中国历史大辞典》"庆历新政"简洁有力地介绍了时间、人物、背景原因、主要目标、实施结果，在大中学校的任何历史考试中都是一个满分答案。但是，描述这样一场发生在北宋的政治改革，有没有漏掉什么非常重要的内容，或者说歪曲了哪些非常重要的信息呢？仔细推敲，你会发现，有的：当时掌握最高权力的政治人物沦为了背景，这个人就是皇帝宋仁宗。在"北宋仁宗庆历年间的政治改革"这个定性概括之中，皇帝出现了，但纯粹是一个时间标记；下面还有"（范仲淹的《答手诏条陈十事书》）疏上，大部都被仁宗采纳"，这里，皇帝再次出现，但主语是"疏"，"上疏"的主动发起人是以范仲淹为代表的改革领袖，皇帝似乎只是改革纲领的采纳者，他在改革中的态度与作用似乎是不重要的。

"庆历新政"条目所展示的皇帝的缺席，在我们的历史叙述中是非常典型的。20世纪50年代以后，有关帝制时期政治史的书写往往以这种方式进行，若非亡国或开辟，史家通常把皇帝默认为时间标志，用皇帝的庙号、年号标志时间，而忽略皇帝在政治中所起的作用。比如"庆历新政"，是两派力量的互动：一派是以范仲淹、富弼为主导的改革派；一派是大官僚大地主，他们因特权被触动而阻挠改革。两派激烈斗争，皇帝隐藏在背景里，默不作声。老实说，这种书写方式不符合帝制时期王朝政治的真实状况。在帝制时期的大多数情况下，皇帝是第一位的政治要素，皇帝制度是贯穿始终的、具有笼罩性的制度。对帝制时期王朝政治的研究，应当把皇帝摆在一个合适的位置，心平气和地观察。

三、从未实现的始皇帝之梦

皇帝制度的开端在秦始皇统一天下之后。皇帝这个名号就是秦始皇创造的，《史记·秦始皇本纪》说："秦初并天下，令丞相、御史曰：……寡人以眇眇之身，兴兵诛暴乱，赖宗庙之灵，六王咸伏其辜，天下大定。今名号不更，无以称成功，传后世。其议帝号。"秦始皇认为他做出了前所未有的功绩（事实上也是），所以要一个前所未有的头衔，于是"丞相绾、御史大夫劫、廷尉斯等"就率领着博士们进行了讨论，然后给了秦始皇一个报告，报告首先颂扬今上的历史地位，"今……海内为郡县，法令由一统，自上古以来未尝有，五帝所不及"。秦始皇统一六国，推行郡县制，号令直达全国，创建了中国历史上前所未有的政治局面。"古有天皇，有地皇，有泰皇，泰皇最贵。臣等昧死上尊号，王为'泰皇'。"博学的臣子本着爱戴之诚，为伟大的君主献上了传说时代君王之中最尊贵者的头衔"泰皇"。可是，秦始皇对于"泰皇"这个头衔并不满意，他最终做出的批示是"去'泰'，著'皇'，采上古'帝'位号，号曰'皇帝'"。皇帝头衔由此诞生，它是始皇帝的选择。

从秦始皇统一中国建立帝制开始，中国的历史与西方历史就拉开了距离。我们很早就实现了一定地理区域范围之内的统一，即农业经济体制之下相对而言比较大的地理区域内的统一。政治制度，整个国家的管理方式、国家政权的存在形式都发生了变化，"海内为郡县，法令由一统"，这确实是自上古以来所未尝有的。

秦始皇在创造了"皇帝"名号及其所代表的政治体制的同时，还表达了一个梦想，他说："朕为始皇帝，后世以计数，二世三世至于万世，传之无穷。"始皇帝的梦想可以简单归结为"万世一系，长治久安"。倘若始皇帝之梦实现，那么，中国就应该等于秦，不会有什么汉、唐、宋、元这些朝代名称。但是，很不幸，虽然皇帝制度得以延续，"长治久安，万世一系"的始皇帝之梦却从来都未得以实现。梦想恒在，不断破灭。正因如此，改朝换代成为帝制历史演进的重要表征。

四、以北宋为个案的王朝政治观察：我的做法

从公元前221年秦始皇统一六国，到1912年年初清末帝溥仪宣布退位，这两千多年的时间是中国的帝制时期。在整个帝制时期，改朝换代不断进行。因此，当我们回过头去观察帝制时期的中国政治，会发现"王朝"是帝制国家的存在方式，而帝制时期的中国政治则表现为一个接着一个的王朝政治过程，这些王朝通常是前仆后继的，有时

也会同时并立，但其权力结构、国家制度在本质上则是同一的，即所有这些王朝所实行的国家制度都是皇帝制度。这是整个帝制时期最具结构性的特征，也是一个显著的特征。换一种通俗的方式来讲，帝制时期中国国家治理的竞争，通常不是以同时并立的多个政权之间竞争的方式展开，而是以"朝代间的比赛"（杨联陞先生语）的方式展开。

目前中国古代史研究者的工作方式，通常以某一朝代为领域展开，以断代史专家的身份各自为战。如果从帝制时期王朝政治的角度出发，则可以认为，任何一个断代的断代史研究，都构成了帝制时期王朝政治的个案研究。由个别可以看一般，由特殊可以观察普遍。

在过去的十多年中，我选取了北宋作为我的研究对象。两宋实际上是两个宋，区别是很大的。北宋是一个完整的王朝政治过程，我把北宋作为一个个案，观察这个个案从生到灭的整个政治过程，借以对帝制国家及其政治达成更为深入的理解。我的具体做法，是把北宋的政治家分为五个代际，从每个代际之中选取具有代表性的政治人物，去写作那个政治人物的人生故事，但我的最终目的不是呈现个人，我希望透过这个重要的、具有代表性的政治人物的政治生命历程来展现他背后的时代变迁；所有五个代际政治人物的故事连缀起来，就构成了一个完整的北宋政治文化的生命过程。我做宋代人物，写寇准、写司马光绝不只是为了写寇准、写司马光，所以我一直非常感激我的编辑们，包括电视台编辑、出版社编辑，特别是电视台编辑，我真的特别感激，原因就是他们容许我在讲寇准的系列里，可以用一集的时间讲寇准的一篇文章，而且这篇文章还不是什么美文；他们也允许我讲司马光的时候离开司马光，讲司马光周边的人，如同辈政治家，讲司马光的前辈范仲淹那个代际，也就是司马光父亲、老师那一辈的政治家。单讲一个故事，对我来说意思不大，我希望通过不同代际具有代表性的政治人物的人生故事牵动起他所生活的那个时代的政治文化演变，所以我要关注到其他人，我要关注到政治，我要关注到王朝制度，我要写的是一个"整体史"的东西。

宋朝960年建国，寇准于962年出生。寇准前面有一个零代，零代就是创业一代、开国一代，也就是赵普的代际，宋太宗也属于这个代际，关于开国一代，我没有过多地用力，只在寇准传里面有所涉及。寇准算是"宋一代"。寇准后面的范仲淹的代际我也没有直击，而是作为司马光的成长背景加以关注和展现。写完司马光之后，我在公开场合多次说我要写苏轼。

寇准像

可能我最后不一定能写苏轼，也没准写苏辙，但苏轼苏辙他们兄弟的代际也是蔡京的代际是我必须关注的。

简单地说，我做的是关于北宋的具体而微的研究和写作，背后是我对帝制时期王朝政治的大的关怀。

五、从"皇帝"出发分析帝制时期"王朝政治的理想形态"

接下来，我要跟各位分享我一以贯之、隐藏在具体研究背后的想法，也就是我的同事认为那"不靠谱"的部分。

我认为，我们需要在传统知识的基础上，建立起一个帝制时期"王朝政治的理想形态"的概念，也就是说，我们需要理解帝制时期的政治精英对于王朝政治的应然状态的认识。这几年我经常引用马端临《文献通考·序》里的一句话，这句话之前很少有学者作特别强调，但我觉得马端临讲的特别好。马端临是宋末元初人，他父亲做过宋朝的宰相，入元不仕；马端临也没有仕元，他们父子相继，完成了中国第二部典章制度通史，即《文献通考》。第一部是唐代杜佑的《通典》。《文献通考》是我们研究宋代政治制度的必读书。

1. "典章经制实相因"：帝制是最大的延续性

马端临的《文献通考·序》说："窃尝以为理乱兴衰，不相因者也……无以参稽互察为也。典章经制，实相因者也"。"爰自秦汉以至唐宋，礼乐兵刑之制，赋敛选举之规，以至官名之更张，地理之沿革，虽其终不能以尽同，而其初亦不能以遽异"。

在这段话中，马端临提到了大历史当中两个非常重要的线索性的东西，一个是"理乱兴衰"，一个是"典章经制"。"理乱兴衰"是什么？就是王朝的政治过程，每一个王朝都不一样，时间不同，人物不同，具体的故事细节不同。"理乱兴衰"或者"治乱兴衰"是没有继承性的，一个朝代有一个朝代的故事，这故事就是我们今天通常所说的政治史的内容。政治人物、政治事件是"不相因"的，因此朝代与朝代之间是没有办法"参稽互察"，唐朝的具体与宋朝的具体之间不存在直接的因果。但有一样东西是具有"相因性"的，这就是"典章经制"，典章经制就是制度和政治文化，这是相因的，具有继承性。从秦汉以至唐宋，各种制度，礼、乐、兵、刑、赋敛、选举甚至官僚制度的名称、沿革，都是相因的，具有继承性。两个继起的王朝，"虽其终不能以尽同，而其初亦不能以遽异"。比如唐和宋，尽管唐代后期的制度和宋代的最终制度不能完全相同，但是宋朝刚刚建立的时候一定是要承唐制的，这就是历史学当中最常讲到的一句话"宋承唐制"。此外还有"汉承秦制""唐承隋制"，前后两个朝代之间的制度具有相因性。

马端临的"典章经制实相因"，可以放大到整个帝制时期的所有王朝之间，中国帝制时期的王朝政治本身具有确定无疑的相因性,自秦始皇建立帝制以至清末帝逊位,2300年间,最大的政治结构都是皇帝制度。由此说来,"典章经制"就构成了观察中国历史的一个更为重要的线索,而"典章经制"又是交织在"理乱兴衰"之中的,"理乱兴衰"当然会对"典章经制"造成一定程度的改变,但"典章经制"自有其跨越"理乱兴衰"的"相因性"或者说延续性。通过"典章经制"观察王朝政治,可以在"理乱兴衰"的不同过程当中去做比较研究,在"朝代间的比赛"中看各选手之优劣。

"典章经制,实相因者也","秦以降"最大的相因,就是皇帝制度。皇帝制度的开端,刚才我们已经讲过了。现在的学者包括上学期来到我们这里(指香港教育大学)的、我们系的陈苏镇老师对于汉代历史的研究,让我们更清晰地看到了秦汉之际帝制是怎样被延续下来的。秦朝建立了帝制,这是一种新制度。对于汉朝的缔造者而言,帝制却未必是必然延续的,汉人之于帝制,有犹豫、有调整。但就其最终结果而言,暴秦灭亡之后建立的西汉,同样是帝制国家。贾谊在《过秦论》中追忆刚刚逝去的倏如飘风的那个短暂王朝的时候说:"秦灭周祀,并海内,兼诸侯,南面称帝,以养四海。天下之士,斐然向风。"换句话说,尽管秦是被汉称作暴秦,并且是被汉推翻的一个王朝,但是西汉的精英贾谊也承认秦朝刚刚建立的时候,天下之士斐然向风,大家是很支持的。为什么支持秦朝?为什么欢迎秦朝?因为终于有天子了,"今秦南面而王天下，是上有天子也。既元元之民冀得安其性命，莫不虚心而仰上"。这就是说，秦的灭亡并不是帝制造成的，换言之，帝制是进步的，秦朝的灭亡是因为暴政，是因为"仁义不施而攻守之势异也"。皇帝制度就由此延续了下去。

2. 作为制度的皇帝：从《白虎通义》出发的考察

那么，在帝制时期，皇帝制度的含义究竟是什么？皇帝是法家建立的制度，但是它能够延续下去，则是因为儒家进入其中，对法家的制度进行了改造。儒家怎样阐释皇帝的职责呢？接下来，我将以《白虎通义》为核心材料进行分析。东汉初，皇帝亲自主持，当时大儒参与，对经义进行疏通，由此建立起官方认可的通用解释，这个解释的文本就是《白虎通义》。因此，我们可以将《白虎通义》视为汉代官方认可的儒家对于国家制度的权威解释文本。我

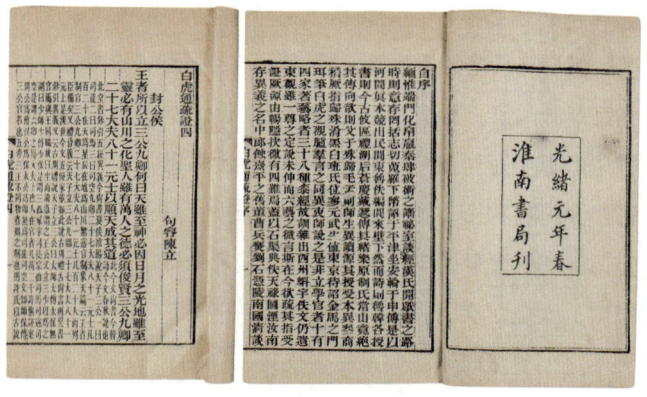

《白虎通义》书页

在这个意义上使用《白虎通义》，从名号系统出发去探求汉人所理解的皇帝制度的理想形态。

《白虎通义·号》谈到皇帝的异称，说："或称天子，或称帝王何？以为接上称天子者，明以爵事天也；接下称帝王者，得号天下至尊言称，以号令臣下也。"《白虎通义》告诉我们，皇帝介于上天和天下万民之间，"以爵事天"，故称"天子"；同时享有"天下至尊"的地位，拥有"号令臣下"的权柄，所以又可以称为"帝王"。皇帝的权力来自天，在天下是至高无上的。《白虎通义·号》还有更进一步的阐释："帝王者何，号也？号者，功之表也，所以表功明德，号令臣下者也。""帝王"是怎样的一种名号呢？名号是功德的表现，"帝王"之号表明皇帝的功与德（至高无上），并赋予拥有此名号者号令臣下的权柄。

紧接上文，"德合天地者称帝，仁义合者称王，别优劣也"，"帝王"可以分解为"帝"和"王"，二者又有分别，功德配合天地者称"帝"，仁义配合天地者称"王"，"王"是优于"帝"的。《白虎通义》里还有一句话，与之相表里："帝、王之德有优劣。所以俱称天子者何？以其俱命于天，而主治五千里内也。""帝""王"是有优劣之分的，但"帝""王"都可以称为"天子"。为什么？因为无论"德合天地"的"帝"，还是"仁义合"的"王"，都是受了天命治理天下的。关于这段话，我们可以做一个更为贴合历史实际的简单的理解：你取得了政权，那你就可

帝制时期的王朝政治：我的想法和做法　　163

以做皇帝，称"天子"。统治的权柄可以通过暴力取得，而暴力夺权也可以自称"德合天地"，但是"德合"未必"仁义合"，只有"仁义合"才配称为"王"。

关于"皇帝"名号中的"皇"，《白虎通义》也做了解释："皇者何谓也，亦号也。""皇，君也，美也，大也。天之总，美大称也，时质，故总之也。号之为皇者，煌煌人莫违也。烦一夫、扰一士以劳天下不为皇也；不扰匹夫匹妇故为皇。"《白虎通义》对"皇"的解释蕴含着儒家对于皇帝制度下最高统治者的最高要求，即他应该是不扰民的，"不扰民"就是行仁政。因此，"皇"和"王"可以作某种程度的对接。皇帝治理天下的权柄可以是攘夺而来的，事实上中国的皇帝基本上都是靠暴力取得政权，所谓"汤武革命"；"革命"当然是暴力的，但这是正义的暴力，暴力的发生建筑在前朝失德所引发的天命转移的基础之上；儒家寄望于新王朝新皇帝的，是在暴力革命之后所建立的政权要能行仁政，不扰匹夫匹妇，如此，才符合"皇"的要求。综上，在《白虎通义》当中，皇帝的不同名号有着不同的政治思想意涵：

> "帝"号、"天子"号指统治权而言，拥有统治权，可以号令臣下，进行统治；所有的"皇帝"都可以称为"帝"，称为"天子"。
>
> "王"号则指向更高层次，不是所有的"皇帝"

> 都配称为"王","仁义合"能行仁政的"皇帝"才能被称为"王"。如果说"王"代表了理想。那么,"皇"所蕴含的"不扰匹夫匹妇"的要求则是儒家对"皇帝"提出的有关治理的基本原则。

以上,是《白虎通义》对"皇帝"及相关名号的解释。接下来,我们看《白虎通义》有关皇帝应当如何行使权力的说法。《白虎通义·卷一》说:"爵人于朝者,示不私人以官,与众共之义也。"官爵不是皇帝的私有物,所以皇帝要"爵人于朝",在朝堂上公开授予官爵,以示"不私人以官","与众共之"。皇帝"封诸侯",要在宗庙举行,"示不自专也,明法度,皆祖之制也,举事必告焉"。也就是说,皇帝治理天下所拥有的权柄以及支持权力行使的整个制度,都是祖宗的制度,而非"在位的皇帝"所有,因此,皇帝封诸侯必须在宗庙之中,在列祖列宗的见证下举行,以示不敢专擅。进一步解读,我们可以看到"皇帝"的两重性:一是进行时的"具体的皇帝",即在位之君,时人所谓"今上";一是高居于宗庙之上本朝的列祖列宗,他们是过去时的"抽象的皇帝",代表着朝廷国家的整体和长远利益。"今上"行使"爵人""封诸侯"的权力,但"今上"赖以"爵人""封诸侯"的权柄并不属于他自己,而是属于列祖列宗和后世子孙;"今上"代表"列祖列宗"进行统治,并为"后世子孙"守护江山社稷。

3. 霍光废昌邑王故事中的两重皇帝

在中国传统的政治语汇之中,"具体的皇帝""今上"和代表"王朝国家"的"抽象的皇帝"是可以得到区分的。我们所说的王朝国家,是"江山社稷",是"宗庙"。《汉书·霍光传》载,霍光先拥立昌邑王为帝,后发现昌邑王不行,试图废黜。这就是以下犯上,属于大逆不道的行为了。那么,怎么样在理论上解决废黜皇帝的合法性呢?

霍光于是"诏丞相、御史、将军、列侯、中二千石、大夫、博士会议未央宫",召集最高级别的朝廷官员和理论研究者举行会议,大家一起讨论。霍光率先发难,开宗明义,说:"昌邑王行昏乱,恐危社稷,如何?"称"昌邑王"而不称"今上",在言语上否定其皇帝地位,昌邑王行为昏乱,有可能会危害到社稷,我们该怎么办?这里的"社稷"所指,即刘汉王朝的统治。"群臣皆惊愕失色,莫敢发言,但唯唯而已。"群臣既畏惧霍光的权势,又觉得这事实在是悖逆不道,兼事出仓促,不知该如何应对。这时,显然是根据事先的沟通安排,田延年离席上前,按剑曰:

> 先帝属将军以幼孤,寄将军以天下,以将军忠贤能安刘氏也。今群下鼎沸,社稷将倾;且汉之传谥常为"孝"者,以长有天下,令宗庙血食也。如令汉家绝祀,将军虽死,何面目见先帝于地下乎?今日之

议，不得旋踵，群臣后应者，臣请剑斩之！

田延年的这一番话，后面是赤裸裸的武力威胁。前面那一段义正词严，说的是很有道理的。班固是《白虎通义》的纂集者，他的记录必定符合当时儒家的理解。我们试着分析其中的道理：汉武帝托孤于霍光，让霍光做辅政大臣，托付给他的是"天下"，即汉朝的朝廷国家。这个国家属于谁？属于刘氏，这是刘氏的江山社稷。昌邑王的行为昏乱，已经威胁到社稷，可能会造成刘氏天下的倾危乃至崩溃。而汉代皇帝的谥号是"孝"字头的，如汉文帝是孝文帝、汉武帝是孝武帝。为什么要用"孝"字呢？天子之孝就是要长久保有天下，让刘氏的列祖列宗永永远远在宗庙中享受后世子孙的血食，换言之，汉朝的最高追求就是刘氏王朝长治久安——秦始皇未曾实现的万世一系梦，我们汉朝要实现它。这是先帝对霍光的嘱托，也是霍光真正的责任。换言之，霍光真正的责任从来都不是拥戴在位子上的具体皇帝，一旦具体皇帝成为社稷安全的威胁，霍光便有责任排除他。

群臣定议之后，又跟皇太后取得了一致，才把昌邑王召来，宣布这件事情，"群臣以次上殿，召昌邑王伏前听诏。光与群臣连名奏王，尚书令读奏曰：丞相臣敞、大司马大将军臣光……（列侯、重要官员的署名）昧死言皇太后陛下：臣敞等顿首死罪。天子所以永保宗庙总一海内者，以慈孝、礼谊、赏罚为本"。"宗庙重于君。陛下未见命高庙,不可以承天序,奉祖宗庙,子万姓,当废"。

霍光废昌邑王,以臣废君,属于政变。但在理论上却是说得通的。"宗庙重于君",这个"君"是具体的皇帝,而宗庙、社稷、天下是指王朝国家。"具体的皇帝"的存在,是为了"永保宗庙,总一海内",保障国家的长治久安,刘氏江山的世代相传。因此,当"君"危及"宗庙","具体的皇帝"不能满足"抽象的皇帝"的要求,"君"就是可以替换的。

4. 皇帝当无私

南宋朱熹说,"天下者,天下之天下也,非一人之私有故也"。从江山社稷的整体和长远利益出发,"具体的皇帝"应当努力满足"抽象的皇帝"的要求,尽量摒除私欲,努力做到"行仁政","不扰民"。在这个意义上,皇帝是很难当的。

北宋太祖朝,宰相赵普想要任命一个人,宋太祖却非常讨厌这个人,不肯答应。于是赵普就接二连三地请求,"太祖怒曰:'朕固不为迁官,卿若之何?'"我就是不答应,你怎么着吧?赵普义正词严地告诉太祖:"刑以惩恶,赏以酬功,古今通道也。且刑赏天下之刑赏,非陛下之刑赏,岂得以喜怒专之?!"刑赏是两种最重要的权柄,刑赏事关江山社稷,属于"抽象的皇帝",不是"今上"的私有物，"今上"不得以个人的喜怒滥施刑赏。

就事实而言，"做不到"其实才是"具体的皇帝"的常态。贞观十七年（643年）二月丁未，贞观君臣论治，唐太宗说："人主惟有一心，而攻之者甚众。或以勇力，或以辩口，或以谄谀，或以奸诈，或以嗜欲，辐凑攻之，各求自售，以取宠禄。人主少懈而受其一，则危亡随之，此其所以难也。"一个具体的皇帝要努力满足抽象的、理想的皇帝要求，是一件非常难办的事情，他自己有嗜欲，而外界又有各种各样的诱惑。可是"具体的皇帝"这一身又是维系国家安危的。两个月之后，唐太宗最终决定立一个相对而言比较宽容的王子为皇太子，就是晋王治，武则天的丈夫。在太子的册立诏书中，提到了对未来皇帝的希冀，"尔身为善，国家以安；尔身为恶，国家以殆"，如果皇帝作恶，那么国家就危险了。就皇位继承问题而言，唐太宗自己瞎折腾，造成了一个难以收拾的烂摊子，所以他跟儿子说："睦九族而礼庶僚，怀万邦而忧遐裔。兢兢业业，无怠无荒，克念尔祖宗，以宁我宗社，可不慎欤！"晋王能否做得到呢？难。

总结一下，在皇帝制度之下，皇帝国家的最高目标是实现万世一系、长治久安，这其实就是"始皇帝之梦"——"朕为始皇帝，后世以计数，二世三世至于万世，传之无穷"。汉人说"天子所以永保宗庙，总一海内"，也是同样的意思。在位的"具体的皇帝"代表"天"和"祖宗"治理国家，他应当"明法度皆祖之制，举事必告（宗庙祖宗）"，不敢"自专"，"不私人以官，与众共之义"；应当"不扰匹夫匹妇"，力行仁政。这是"抽象的、理想的皇帝"的要求。然而，在皇位上的那个人，那个"具体的皇帝"却被私欲和外界的各种诱惑所干扰，阅历、能力、格局、见识也有限。抽象的、理想的皇帝和具体的皇帝之间构成了帝制国家永恒的一对矛盾，这对矛盾几乎是无法调和的。

六、帝制时期王朝政治的治理逻辑

接下来我们看国家治理。《礼记·大传》这样描述儒家的国家治理逻辑："重社稷故爱百姓，爱百姓故刑罚中，刑罚中故庶民安，庶民安故财用足，财用足故百志成，百志成故礼俗刑，礼俗刑然后乐。"这里的"百姓"指"百官"。这段话的意思是说，（君主）从社稷的利益出发，必须爱百官，因为百官是实施刑罚、帮助治理的人，爱百官才能做到刑罚合乎中道；刑罚合乎中道才能使得万民安乐；老百姓的生产生活秩序稳定，国家才能做到拥有充足的财力以支持用度；国家享有充足的财政资源，才能够达成其治理志向；国家达成其治理志向，于是营造美好的礼仪风俗；礼仪风俗美好，（整个社会）才能安乐。国家富足而有秩序，才能做到万民安乐，只有万民安乐，社稷才能永久。《礼记·大传》中的国家治理逻辑是一个闭环，从"重社稷"出发，最终导向万民安乐，社稷永存。

1. 尊重庶民的集体力量

在这个治理逻辑当中，庶民有其重要的存在价值。就社会等级而言，单个普通老百姓确实微不足道，但当他们合在一起的时候，便拥有了不容忽视的集体力量，可以载舟，可以覆舟，"夫君者舟也，庶人者水也。水所以载舟，亦所以覆舟"。《管子·君臣》说："夫民，别而听之则愚，合而听之则圣。虽有汤武之德，复合于市人之言。"单个看，老百姓是愚蠢的，但是当他们合在一起（构成舆论）的时候，便能真正反映人心向背，能够听从的君主，是圣明的。哪怕有商汤、周武王的德行，也要听一听市人的议论。苏轼《东坡易传》说："古之善治者，未尝与民争；而听其自择，然后从而导之。"《东坡易传》写的比较晚，是王安石变法之后写的，"未尝与民争"一语，确实有暗指王安石变法的意思在，但是符合儒家的治理逻辑。总之，在儒家的国家治理逻辑当中，"庶民"的集体力量不容忽视。

2. 君臣关系的理想状态，"以礼义换忠诚"

处在皇帝和庶民之间，承上启下的群体是官僚。官僚兼有臣下、士君子和大夫的多重身份。首先，皇帝不能独治，必须依靠官僚治理国家。《淮南子·修务训》说："为一人聪明而不足以遍照海内，故立三公九卿以辅翼之；绝国殊俗、僻远幽闲之处，不能被德承泽，故立诸侯以教诲之"。此处的行文依托的是西汉的治理实际,汉初郡国并行,因此《淮南子》强调,皇帝一人的聪明不足以管理整个国家,必须依靠官僚来治理,依靠官僚直接治理的部分是实行郡县制的部分;而"绝国殊俗",远离首都,中央力量难以直接有效抵达的地方,则实行分封制,以诸侯王帮助皇帝治理国家。在整个帝制时期,分封是辅助和补充,郡县是主流和趋势,皇帝依靠官僚治理国家,官僚的选任是帝制国家实现有效治理的关键。

君臣关系的基础是什么?从理论上讲,应该是礼义,是爱和敬。唐孔颖达作《礼记·大传》,这样解释"重社稷故爱百姓",他说这里的"百姓"指的不是老百姓,而是百官,因重社稷故爱百官。这是君臣关系的基础。《白虎通义·礼乐篇》说:"礼所揖让何?所以尊人自损也,不争。《论语》曰:'揖让而升,下而饮,其争也君子。'故'君使臣以礼,臣事君以忠'。""君使臣以礼,臣事君以忠"是儒家所持守的君臣关系原则,皇帝遵从礼义使用臣子,臣子以忠诚事奉君主,以礼义换忠诚。

3. 君子之仕行其义

那么,有道德操守的君子为什么要出来做官?儒家看做官和我们今天看做官是很不一样的,我们今天最大的一个误解就是把权力和满足个人私欲划等号,事实上,权力意味着责任,权力越大责任越大。《淮南子·修务训》中说,

"圣人不高山，不广河，蒙耻辱以干世主，非以贪禄慕位"，不畏山之高、河之广，甚至甘愿蒙受耻辱来劝说有权势的君主接受自己的学说，并不是贪恋高官厚禄，而是"欲事起天下利，而除万民之害"。三国时期魏李康《运命论》说："古之仕者，盖以官行其义，不以利冒其官也。"唐代李翰注《文选》加以解释，说"古人所以入仕者，以官为行义之本，不以禄为吏而贪其官位也"。而李善注则引《论语》说，"子曰：君子之仕，行其义也。"

在儒家的理想秩序中，官员是臣子，协助皇帝治理天下。但是真正的士君子出仕做官，是为了"行其义"，他们是君主的佐助，但不是君主的工具。换句话说，"君臣共治"，君主必须依靠官僚进行统治，是帝制国家治理逻辑的"题中应有之义"，"君臣共治"的君臣关系存在不同形态。我根据前辈学者的研究，主要是邢义田先生和邓小南先生、姚大力先生的研究，把"君臣共治"分成三类：一是"雇主-伙计型共治"，皇帝以官僚为统治工具，用功名利禄换取忠诚与服务。邢义田先生、阎步克先生对汉代的皇帝和臣僚之间的关系偏向于这种解释。还有一种最糟糕的，是"合伙同利型共治"，皇帝与官僚分享政权，以朝廷国家为利薮，分而食之，这种关系类型是可以弃朝廷国家江山社稷的长远利益于不顾的。孔飞力在《叫魂》中所描述的乾隆与臣下之间关系就很像"合伙同利型"。还有一种更为贴近儒家理想的君臣关系，我称之为"同道型共治",皇帝与官僚共同保有儒家的理想,遵守儒家的治理原则,官僚以天下为己任,引导皇帝走符合朝廷国家长久利益的路。王安石在《善救方后序》里面说,"夫君者,制命者也。推命而致之民者,臣也。君臣皆不失职,而天下受其治"。这就是"同道型共治"。

4. "大忠"与"小忠"

我们刚才把皇帝分成了两重:"抽象的或理想的皇帝"以及"具体的皇帝",二者之间构成了一对永恒的矛盾。既然把皇帝分成"抽象的"和"具体的",相应的,臣子的忠诚也可以分成两种——"大忠"和"小忠"。

"大忠"是忠诚于江山社稷,是"人臣以公正为忠"。大忠的忠诚对象是"抽象的或者说理想的皇帝"。因此,当"具体的皇帝"犯了错之后,"大忠"的做法是纠正他。范仲淹在《杨文公写真赞》里面说的寇准就是"大忠"的典范,"能左右天子,如山不动,却戎狄,保宗社",皇帝动摇了我不动摇,我不动摇,我的立场在哪里?在道义那里,我持道以来,匡正皇帝。"大忠"这个词就出自范仲淹的《杨文公写真赞》,是对寇准精神的高度概括。"小忠"是我造的词,以与"大忠"相对而言。"小忠"的忠诚对象是"具体的皇帝",他们可以为了满足"具体的皇帝"的私欲而扭曲事实、背离是非,不惜让朝廷国家陷入困境。

"大忠之臣"坚持以道化君,道在我,不必在君。"大忠之义"的弘扬和"大忠之臣"存在的基础，是官僚作为儒家的君子对于道的秉持。皇帝为天子，拥有治权，保有政统；士君子保有道统，持道统以辅政统。在这里，道统与政统是各自独立、分别保有的。唐代袁楚客规谏宰相魏元忠的信中这样说："帝王失道之正，大臣必以道化之"，真正忠诚的臣子不仅要"忧人主之事，光赞其美"，还要"规救其恶"。而要做到这一点，作为群体的士大夫必须保持其自身在道德上的崇高性。"宋朝忠义之风，却是自范文正作成起来也"，范仲淹的代际，士大夫持道义匡扶皇帝，真正做到了以道事君。但即便是在这个时候，范仲淹也有批评，觉得当时的风气是有问题的，"人不爱名，则虽有刑法，不可止其恶也"，这里的人主要是官，官不爱惜名节，即便是刑法在上，也是无法阻止他作恶的。范仲淹指出，做人要爱名，也就是说，要在内心深处对道德存有敬畏，惟其如此，才能不欺暗室，真正远离罪恶。

七、简单的总结

最后，做一个简单的总结。帝制时期的王朝政治，它的制度基础是皇帝制度，思想基础是儒家思想。在此基础之上，帝制时期王朝政治的建设目标是万世一系、长治久安，这个万世一系、长治久安，我把它剖解为三个层面：第一是皇权的安全，也就是一姓统治的安全。第二是朝廷国家的统一与安全。第三是整个社会生产生活秩序的稳定。三者皆是王朝政治的题中应有之义。因此，为实现上述目标，首先，国家制度的设计追求，应当是以分权促集权的，分权与集权相辅相成。分权指的是臣下的分权，机构个人、群体分权，而集权指的是向中央、向皇帝集权。纵观帝制国家制度设计的演变，其实在不断的进步之中，向着什么方向进步呢？向着臣下的分权与皇帝的集权不断地进步，向着地方分权与中央集权不断地进步。所以越到帝制后期，就越看不到奸臣篡位之类的现象。没有了，这是制度建设之功。其次，在政策制定层面上，要避免对于社会的频繁骚扰和过度压榨。简单地说，要保持国家与社会之间的利益平衡。我们讲《白虎通义》的时候也提到皇帝要不扰。最后，在政治运作层面上，皇帝要保持其超越性，"具体的皇帝"要尽可能贴近"抽象的皇帝"的要求，官僚要对皇帝实施"有效辅助"。这个"有效辅助"并不仅仅是作为行政官员承担治理的功能，更重要的是要及时纠正皇帝的错误缺失，提醒皇帝在统治当中可能存在的治平隐患，防患于未然，弭患于隐发，消除小矛盾，避免大冲突。

如果做到了这些，那么，从理论上讲，一个王朝是有希望做到万世一系、长治久安的。但是，众所周知的显在事实是，自从秦始皇建立帝制以来，从来没有一个王朝做到过。为什么？因为以上是理想状态，而帝制政治的实际状况却常常是谬以千里的。在皇帝的方面,"抽象的皇帝"和"具体的皇帝"之间存在着永恒的矛盾,而真正能够约束具体皇帝的其实只有软性的、道德性的因素,能否起作用,要看皇帝是否听纳。在臣僚的方面,也潜在破坏性的因素,官僚作为一个集体必须维持其道德上的崇高性,因此必须避免恶性分裂。"恶性分裂"指的是官僚集团分裂成利益集团,小集团的利益超越国家利益,到最后,大家都忘了自己是一条船上的人,忘了这条船要去向哪里,船头、船尾和船舷上的人都在拆船板,等待他们的就只有灭亡的命运了。除了集体的道德崇高,宰相大臣要保持规谏的力量,同时还要有纳谏的雅量,而所有这些,都很难做到。

儒家经典展示了王朝政治的理想形态,但是事实常常背离理想,因此,我们就看到了不断的改朝换代。帝制时期王朝政治的研究,就是要循着"应然"、以理想形态为标准去观察破坏性的因素是如何产生的,破坏的过程又是怎样发生的;通过细节观察过程以寻求原因,是我的想法,也是我努力的方向。谢谢大家。

答 问

问:赵老师您好,我是交换生,内地来的,这是我第一次听您的讲座,非常好的讲座,谢谢您。在我之前的相关历史课程里,一直觉得专制统治跟王朝、跟帝王之间有联系，但刚刚听了您的演讲之后，比如"刑赏乃天下之刑赏，非帝王一人也"，而我们也经常听到，"君要臣死，臣不得不死"，专制和您刚刚讲的民主之间是一起互相融合的，可不可以理解为，在中国古代历史中还有很多民主的成分在里面呢？

答：谢谢，我其实不太赞成这种说法，我努力做的其实是找到中国政治文化自己内在的脉络，内在的理路，它的理想形态是怎样的，以及实际的发生是怎样的。而且，实际状况也比我今天讲的要复杂得多，不管是思想的元素还是实际政治状况。我有一本书叫《法度与人心》，建议你去看一下，我不赞成用今天的词语强行提升或者贬低中国传统政治，它持续了2300多年，而且它的影响至今仍然不能消散。

传统中国,何为『真实』

一、何谓真实观？

今天讲的题目是《传统中国,何为"真实"》,我要讨论的是"真实观"的问题,即传统时期的"真实观"究竟是什么样的。

首先要解释一下什么叫作"真实观"。"真实观"即有关"真实"的观念。一般而言,特定时期、特定地域的人们对于"如何是真实表达"有着约定俗成、不言而喻的共识,这种共识就是斯时斯地的"真实观"。

当我们谈到"真实观"时,首先得有一个"客观发生"。事物客观发生,而"表达"则是主观对客观的描述行为。表达可以是口头的,也可以是书面的。表达行为发生在人类社会的一切领域,包括日常生活、政治实践和历史书写,而"真实观"隐藏、贯穿于其中,它决定着"主观表达"与"客观发生"间的符合程度。这样我们就有了两个不同的事物,一是我们的"主观表达",一是事物的"客观发生","真实观"介于二者之间,它决定着"主观表达"与"客观发生"的符合程度。

二、"文"在"事""义"之间：传统语境中的真实观

在中国的传统语境中，"真实观""主观表达"和"客观发生"三者的关系被表述为"义""文""事"之间的关系。"事"是指"客观发生"，"文"指"主观表达"，而"义"则是我说的"真实观"。"义"决定着"文"与"事"之间的关系，即"真实观"决定着"主观表达"与"客观发生"之间的关系。这里的"事""文""义"出自《孟子·离娄下》：

> 王者之迹熄而诗亡，诗亡然后"春秋"作；晋之《乘》、楚之《梼杌》、鲁之《春秋》，一也；其事则齐桓、晋文，其文则史，孔子曰："其义则丘窃取之矣。"

我们看到，在孟子的表达当中，出现了"事""文"和"义"这三者。"其事则齐桓、晋文"，"齐桓、晋文"是"客观发生"。"其文则史"，"文"是"主观表达"，这里具体地表现为作为历史记录的《春秋》经文。"其义则丘窃取之矣"，这个"义"就是贯穿在《春秋》经文当中的孔子的真实观。

"文"在"事"与"义"之间。孔子说"其义则丘窃取之矣"，这个"义"强调的是伦理上的正确，"义"是以

礼为圭臬绳尺的。而孔子所处的时代恰恰是一个"王者之迹熄"的时代，是一个礼崩乐坏的时代，在那个时代，许多客观发生的"事"并不合乎礼，但是孔子最终所表达出来的"文"，却既要符合"义"，又要传达有关"事"的信息。那么，孔子该如何表达？我们代孔子设想一下，就会发现，孔子的"文"是很难为的，它夹处于"事"和"义"之间，传真与达义，难以两全。然而，传统儒家却认为，孔子完美地完成了这一几乎不可能的任务，而且为后世树立了有关"表达"的典范。

三、《春秋经》"楚子杀陈夏征舒"，达义未必传真

那么，孔子是怎么做到的呢？我们举例言之，《春秋经》对"楚子杀陈夏征舒事"的书写。《春秋经·宣公十一年》相关的经文是这样的：

> 楚人杀陈夏征舒。丁亥，楚子入陈，纳公孙宁、仪行父于陈。

这段经文，按照儒家的读法，是有孔子的"微言大义"在的。这个"微言大义"体现在哪里呢？首先，"楚人杀陈夏征舒"，楚国人杀了陈国的叛臣夏征舒，杀夏征舒的主语是楚人。接下来，在"楚人"杀了陈国的夏征舒之后，"丁亥，

楚子入陈","楚子"指楚国君主,他在此时才进入陈国,并且把陈国流落在外的两个臣子公孙宁和仪行父给接了回来。就礼义而言,楚国入陈杀夏征舒这件事本身是有问题的,因为楚国没有得到周王的允许就进入他国;但这件事在某种程度上又具有一定的合义性、合道性,因为所杀的是陈国的乱臣贼子。于是孔子在行文的时候,先写"楚人杀陈夏征舒",然后再提到"楚子入陈"。其中蕴含着"微言大义"。

1. 微言大义:"实与而文不与"

那么,传统儒家是怎样理解孔子的"微言大义"的?"实与而文不与"。什么叫作"实与"?什么叫作"文不与"?

首先来看"实与"。夏征舒作为陈国的臣子弑其君,是乱臣贼子;楚庄王"以贤君而讨重罪,其于人心善",楚庄王作为贤明的外国君主,到陈国去讨伐这样一个违反伦理的弑君之臣,这件事情本身是有助于人心道德的,具有积极正面的意义。综上,"楚人杀陈夏征舒"这件事,在当时王室衰微的大背景下是可以接受的。这就叫"实与"。

其次,我们来看"文不与"。"诸侯之义不得专讨",楚庄王入陈并未事先取得周王许可,按照当时大的伦理秩序来讲,此事属于非礼擅行,而非礼擅行是必须贬斥的,所以《春秋经》在写"杀夏征舒事"时行文不称"楚子"而称"楚人",要说"楚人杀陈夏征舒",称"人"以示"不与";接下来,"丁亥,楚子入陈,纳公孙宁、仪行父"所表达的是"实与"——楚庄王把两位陈国的臣子接回来是要稳定陈国,这是义举,这时候的楚庄王得到了他应有的称号"楚子"。

"实与而文不与"是公羊学家对于孔子这一段《春秋经》"楚人杀夏征舒"记事的解读,他们认为在孔子行文当中蕴含了"实与""文不与"的微言大义。

但是,我猜我讲到这里,大家肯定还是一头雾水,"楚人杀陈夏征舒事"究竟是怎样发生的,它的来龙去脉如何?单纯依靠这一段《春秋经》,是看不明白的。单看《春秋经》,"文"传递了"义",而"事"即"客观发生"本身则面目模糊,不得其然。《春秋经》说"楚人杀陈夏征舒。丁亥,楚子入陈,纳公孙宁、仪行父于陈。""杀夏征舒","入陈","纳公孙宁、仪行父于陈"的次序究竟是怎样的?哪件事情在先,哪件事情在后?"楚子"为什么要"纳公孙宁、仪行父"?《春秋经》都没有交待。

2.《左传》记事

幸好《春秋经》还有《左传》。《左传》是以记事见长的。下面,我们看一下《左传》有关"楚人杀陈夏征舒事"的叙述:

> 冬,楚子为陈夏氏乱故伐陈,谓陈人无动,将讨于少西氏。遂入陈,杀夏征舒,轘诸栗门,因县陈。

陈侯在晋。申叔时使于齐，反，复命而退。王使让之，曰："夏征舒为不道，弑其君，寡人以诸侯讨而戮之，诸侯县公皆庆寡人，汝独不庆寡人，何故？"对曰："犹可辞乎？"王曰："可哉！"曰："夏征舒弑其君，其罪大矣；讨而戮之，君之义也。抑人亦有言曰，牵牛以蹊人之田，而夺之牛。牵牛以蹊者，信有罪矣；而夺之牛，罚已重矣。诸侯之从也，曰讨有罪也。今县陈，贪其富也。以讨召诸侯，而以贪归之，无乃不可乎？"王曰："善哉，吾未之闻也，反之可乎？"对曰："可哉！吾侪小人所谓取诸其怀而与之也。"乃复封陈，乡取一人焉以归，谓之夏州。

这段很长，我们先把它顺一遍，看看《左传》的这段叙事究竟说了什么。

首先是交代事件发生的原因，这一年冬天，楚国君主因为陈国夏氏叛乱，发动了对陈国的讨伐。因为陈国发生了这样不道的事情，陈人却没有做出相应的反应，于是楚子将讨于少西氏（指夏征舒）。楚子出于正义的目的兴兵讨伐乱臣贼子夏征舒，因而"入陈"，这是第①"事"。楚子入陈之后，就杀了夏征舒，在栗门之前把他处以极刑，轘，就是车裂。这是第②"事"，楚子杀夏征舒。

接下来是第③"事"，这是《春秋经》里所没有的，"因县陈"。什么意思？以陈为县，楚庄王占领了陈国之后把陈国变成了楚国的一个县。"县陈",只有两个字,却是非常重要的一个环节。此时,陈侯在晋。

再接下来,是很长的一段。楚国的贤臣申叔时出使齐国,等他回来的时候,"入陈""杀夏征舒"以及"县陈"这三件事都已经发生。申叔时去找楚庄王复命,复命的时候,对于本国君主干了这么一件露脸的大事一言未发,就退下去了。楚庄王很不愉快,于是就派人去责备申叔时,说:"夏征舒为不道,弑其君,寡人以诸侯讨而戮之,诸侯县公皆庆寡人,汝独不庆寡人,何故?"我干了这么一件正义的事情,诸侯县公都来赞美寡人,为寡人庆祝,为什么单单你不来向我庆贺,不来赞美我呢?为什么?于是申叔时就回答说:"我现在还可以说吗?"楚庄王说可以。

申叔时就说了很长的一段话,他说:"夏征舒弑其君,其罪大矣;讨而戮之,君之义也。"弑君是大罪,楚庄王讨伐夏征舒,把他杀了,是符合道义的。但是,打个比方说,假设有人牵着牛去踩坏了别人的田地,田主就把牛夺了去。这事怎么看?"牵牛以蹊者,信有罪矣。"牵着牛把人家的田给踩坏了,确实有罪;可是,田主因此就把牛给夺过去,这个惩罚就过重了。诸侯之所以跟随大王讨伐陈国,是因为这是一桩正义行为,但是您把陈国拿下来之后,却把陈国变成了楚国的一个县,是贪图陈地的富裕。"以讨召诸侯,而以贪归之",以正义为名召集诸侯,最终却满足自己的贪欲占领陈国,"无乃不可乎"!这样做就太

传统中国,何为"真实"

过分了。

楚庄王从善如流，立刻回答说你说的对，这个道理我以前没有听说过，没有想那么多，"反之可乎"？我现在把陈国再立起来可以吗？当然可以的，申叔时说："可哉！吾侪小人所谓'取诸其怀而与之'也。"把到手的东西拿出来给别人，了不起！

以上是第④"事"，申叔时谏楚庄王，庄王从谏。接下来是第⑤"事"，楚庄王"乃复封陈"，当然他也不能白白地就复兴了陈国，"乡取一人焉以归，谓之夏州"，在陈国每一个乡都取了一个人回来，在楚国建立了夏州，这是⑥"事"。

总结一下，在《左传》的行文中，"楚庄王杀陈夏征舒事"包含如下情节：①楚庄王入陈。②楚庄王杀陈国的乱臣贼子夏征舒，轘之。③楚庄王"县陈"，占领陈国，把它变成了楚国的一个县。④楚国的贤臣申叔时以"蹊田夺牛"为譬谏楚庄王，庄王纳谏。⑤楚庄王复封陈，《春秋经》中的召回公孙宁和仪行父"以靖陈国"也发生在这个环节。⑥楚庄王在楚国设立"夏州"，以纪念"县陈复封"。

在《左传》的文字当中，"楚庄王杀陈夏征舒事"清楚地呈现了它的来龙去脉，清晰地表达了"事情之真"。

3. 如何理解《春秋经》的叙事倒错漏略

如果我们把《左传》与《春秋经》的叙事两相对照，就会发现《春秋经》的叙事其实有倒错有漏略：第一，在

《左传》当中，①是楚庄王入陈，②是杀夏征舒，这符合事情发生的逻辑顺序。但是在《春秋经》当中，②排在①之先，先是"楚人杀陈夏征舒"，然后才是"楚子入陈"。第二，撇开时间较晚的⑥"夏州"之设，《左传》所叙之事包含①、②、③、④、⑤五个环节，但《春秋经》当中只有②、①，漏掉了③"县陈"、④申叔时谏楚庄王和⑤复封陈这三个重要环节，因为没有提③"县陈"，所以不可能出现⑤"复封"和④申叔时之谏。那么，我们应当怎样理解《春秋经》的叙事漏略和时序倒错呢？

首先，我们要问一个很重要的问题，那就是"子知其事否"，孔子究竟知不知道楚庄王曾经有县陈、复封之事。子知其事否？《孔子家语·好生篇》有这样一段话：

> 孔子读史，至楚复陈，喟然叹曰："贤哉楚王，轻千乘之国，而重一言之信！匪申叔之信，不能达其义，匪庄王之贤，不能受其训。"
>
> 所谓一言之信，言其讨有罪之言；申叔唯信，故其说行也。

这一段的核心是在表扬楚庄王善于纳谏，还有就是，因为申叔时是一个"义人"，最讲信用，由义人来做义的言说是能够打动人的。当然，对我们来说最重要的是"子知其事否"。子知不知其事呢？子是知其事的。子知其事，然

传统中国，何为"真实" 189

则何以不书？明知而不书，为什么？《左传》是这样解释"子知其事而不书"的：

> 故书曰："楚子入陈，纳公孙宁、仪行父于陈。"书有礼也。

孔子作《春秋》，"其义则丘窃取之矣"，而孔子之义是要合乎正义的，因此合礼的部分要书，悖礼的部分、不合礼的部分则不书。杜预给了我们一个更加全面深入的解释，杜预说：

> 楚子先杀征舒，而欲县陈，后得申叔时谏，乃复封陈，不有其地，故书"入"在"杀征舒"之后也。没其县陈本意，全以讨乱存国为文，善其得礼也。

楚庄王虽然在过程中曾经被私欲占领过，但最终战胜了私欲，县陈而复封，总体来看，行为结果"得礼"，值得表扬，而他曾经"县陈"的环节，可以隐而不书，在叙事顺序上，也调整为先书②"杀征舒"，后书①"楚子入陈"，为贤者讳。

4. 小结：《春秋经》的真实观

就《春秋经》的叙事而言，我们看到"文""事""义"

的关系是这样的:"义"是第一位的,"文"对"事"的表达必须合乎"义"。那么,"文"怎样才能做到达"义"呢?特别是当"事"的过程中曾经出现过违背、不合"义"的情节?"文"必须约,尽可能简练,尽可能略去细节与过程,这样的"文"才能以"事"彰"义",作为法度。尽可能简单,只说那些合乎义礼的。在这个前提之下,"文"对"事"的漏略、拣选都是被允许的。但是,如果我们想要了解客观发生,就会发现《春秋经》"文"如同"事"与"义"相撞后的车祸现场,根本无法传达"事情之真"。只有依靠《左传》才能搞清楚这件事究竟是怎么一回事。

一言以蔽之,《春秋经》所奉行的"义",实质上是一种道德至上,为了"道德之美"甚至不惜损害"事情之真"的真实观。这样一种真实观,就其本质而言,是功利主义的,带着强烈的目的性。

四、宋代的例子

接下来,我想从《春秋经》出发,对整个传统时期的"真实观"做一个梳理。从"真实观"的角度来观察中国历史,笼统划分两个大的时间段就可以了,一个是传统时期,一个是近代以来,就是西方的思想进来之后的时期。就"真实观"而言,"传统中国"时间虽然很长,但自春秋战国以至明清，并未产生根本性变化，基本可以等而视之，做无差别处理。

作为一个宋史学者，我首先还是举几个宋代的例子。

1. 例一，政治实践中的"真实观"："圣相"李沆"报忧不报喜"

宋朝的著名宰相很多，但被称为"圣相"的只有真宗初年的宰相李沆。真宗即位的时候是一个年轻的皇帝，很缺乏经验。这时候宰相李沆是50岁，还有一个副宰相王旦是40岁。李沆、王旦这两个人是同年考中进士的。李沆对真宗，"日取四方水旱盗贼奏之"，报忧不报喜，搞的真宗天天愁眉苦脸的。王旦"以为细事不足烦上听"，觉得李沆有点过分。李沆说"人主少年，当使知四方艰难"，必须让年轻的皇帝知道治理国家是很困难的事情，"不然，血气方刚，不留意声色犬马，则土木、甲兵、祷祠之事作矣。吾老，不及见此，此参政他日之忧也"。

后来李沆果然死在了前头。李沆死后，真宗跟契丹达成"澶渊之盟"，为宋朝带来了120年的和平。"澶渊之盟"本身是好事，但"真宗以契丹既和、西夏纳款，遂封岱、祠汾，大营宫观，搜讲坠典，靡有暇日"，开启了一系列可以说是烈火烹油般轰轰烈烈的神圣崇拜运动。王旦亲历、亲见、亲身参与真宗所为，到晚年心理极度煎熬，"欲谏则业已同之"，想要劝皇帝刹车，但自己实际上已经陪着他走了好几程了,已经跟他合污同流共同推动了神圣崇拜运动。"欲去则上遇之厚",想要退休,但是真宗待他又非常优厚。这时,王旦想起了李沆,"乃以沆先识之远。叹曰:'李文靖真圣人也。'"文靖是李沆的谥号,"当时遂谓之'圣相'"。李沆的"圣相"之名就是从王旦这儿得来的。

圣相李沆对于年轻的皇帝采取的是报忧不报喜的做法。报忧不报喜,也就是说,他没有把真实情况如实报告给皇帝。李沆向真宗所报告的宋朝国家形势并不完全符合它的客观发生,他倾向于选择那些负面的事情来唤起年轻皇帝的忧患意识。这样一种行为,在政治实践当中是被允许和被赞美的。

以上我们看到的是"真实观"在传统时期的政治实践中的一个例子。

2. 例二,人物传记中的真实观:王安石书冯守信修河事

接下来我们再看一个例子,冯守信修河。这个例子涉及书写,又不仅仅涉及书写。冯守信是什么人?他是真宗朝的一位禁军高级将领,做到了最高级别。他这一辈子最重要的贡献,就像今天和平时期的军人一样,主要是领导救灾。王安石给他写了《冯守信神道碑》,中间有这样一段美文,值得欣赏:

> 当此时，河决滑州，天子以为忧，问谁可使者，公自言："少长河上，能知河利害。"诏以公为侍卫亲军步军副都指挥使。

真宗提升了冯守信的军职，又派他担任"知滑州，兼修河都部署"。接下来，寥寥数字之间，王安石给我们描述了一个英勇的黄河抗洪前线总指挥的样子：

> 河怒动埽，埽且陷，公坐其上（指画）自若也。遂号其部人，以一日塞之。天子赐手书奖谕。

这一段让我们看到一个修河英雄的形象，他临危授命，临难不苟，能够在众人都感到惊恐的时候，镇定自若，力挽狂澜。

冯守信是在1021年过世的，王安石恰巧在这一年出生。这篇《冯守信神道碑》作于冯守信死后39年，而冯守信治河这件事情发生在1019年。冯守信治河的效果究竟怎么样？如果我们单看上面那一段文字，看到"天子赐手书奖谕"，皇帝亲自批文表彰了他，治河毫无疑问是成功的。但事实上，如果我们回看李焘的《续资治通鉴长编》——这是南宋人作的北宋编年史，也是迄今为止最好的北宋史，如果看《长编》，你就会发现根本不是那么回事。

冯守信治河，当时是堵上决口了，但是还有下文，下文还有一个大转折,《长编》次年(1020年)六月记"滑州言河决于天台山下"。在这段记事之下,李焘追溯了去年冯守信治河的情况:"初议修河……议者咸请再葺",大家都觉得有问题,必须返工加固。但是,"修河都部署冯守信曰:'吾奉诏止修西南埽,此非所及也。'"皇上只命令我修西南岸,东北边不归我管。也就是说,1019年冯守信自以为并且向中央上报修河成功之后,大家都觉得这工程是有大问题的,只是表面上的成功,实际上还大有隐患,应当重修。但冯守信拒绝再修,于是转过年来,"及是,河复决,走卫南,泛徐、济,害如三年而复甚,人皆以罪守信焉"。

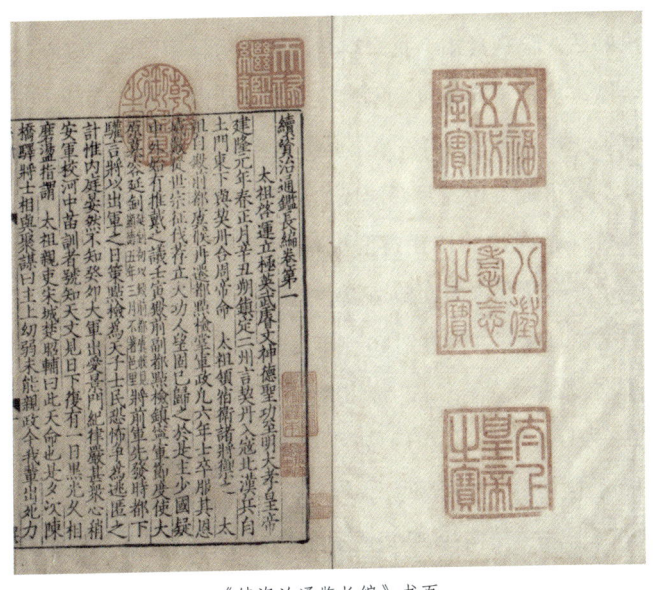

《续资治通鉴长编》书页

传统中国,何为"真实"　　195

李焘的《续资治通鉴长编》这一段定稿上呈朝廷，是在南宋孝宗的乾道四年（1168年）。由此可见，在宋朝，其实大家都知道冯守信修河的实际效果是怎么样的。真相已著。那么，王安石是否有意撒谎，明知修河的实际效果却仍然坚持把冯守信塑造成一位修河英雄？碑铭的写作，不管是神道碑还是墓志铭，就其本质而言，都是一种"订制写作"——书写人或者是收了钱，或者是因为与死者或其家属有某种密切关系，因此接受死者家属的委托，为死者述扬生平，盖棺论定。这种"订制写作"理应尽可能符合孝子孝孙的孝思。所以，王安石有可能是明知冯守信修河的实际效果，但既然接受了冯守信子孙的嘱托，也只得说好话，隐瞒真相。我原本是这样认为，而即便王安石这么做，从神道碑"订制写作"的性质出发，也无可厚非。但是，我后来发现这件事不是那么简单。

冯守信在1019年修河成功受到皇帝的亲笔表彰，1020年黄河在同样的位置再度决口，"人皆以罪守信焉"。但是，冯守信并未因此被追责，他继续统领禁军，还升级为威塞军节度使，一直到1021年八月死在禁军高级将领的位子上。到1052年，冯守信得到了"勤威"的美谥。"能修其官曰勤，猛以强果曰威。"大臣赠谥是大事，朝廷要进行讨论，讨论之后要写出一个报告来，这种报告叫作"谥议"。冯守信的谥议是司马光执笔的，保留在司马光的文集里。由司马光执笔的《侍卫亲军副都指挥使、威塞军节度使、赠太尉冯守信谥议》将"天禧修河"列为冯守信的四大"勤威"事迹之一，说：

> 白马之河，漏为横波。济泽之阿，间殚可歌，陨林仆竹，薪石相属。渊吐其陆，莓莓衍沃。堤防之劳，太尉重焉。

讲到这里，我们先简单总结一下有关冯守信修河的"事"与"文"：

1019年，冯守信修河成功，得到真宗皇帝的亲笔嘉奖；

1020年，黄河在同样的位置再度决口，舆论纷纷谴责冯守信，但并没有伤到他半根汗毛；

1021年，冯守信卒；

1052年，冯守信得"勤威"美谥。

以上为"事"。以下为"文"：

1052年，司马光作《冯守信谥"勤威"议》，美其修河；

1060年，王安石作《冯守信神道碑》，将他描述为治河英雄；

1168年，李焘在《续资治通鉴长编》当中揭示了全部真相。

冯守信修河明明是失败的，为什么会呈现这样的记事？有关冯守信天禧修河，现存史料可以分为两个系统：一是以冯氏个人为对象的传记资料，包括司马光作《谥议》时所依靠的官方档案和冯氏家族所提供的冯守信行状，也包括王安石所作的《冯守信神道碑》，这一系统的资料所叙述的天禧修河止于1019年庆成典礼，也就是皇帝对冯守信的亲笔嘉奖。这一系统的材料默认，第二年同样位置的决口与冯守信无关，因此不必出现在冯守信的履历中。二是以朝廷国家为对象的记载，我们今天能看到的是《宋史·真宗本纪》和《宋史·河渠志》，它们分别源自宋朝国史本纪和志书。这一系统的天禧修河事包含了第二年的记事，也就是1020年黄河在同样位置的再度决口。因此，我们可以认为，王安石《冯守信神道碑》中有关天禧修河的叙事所选取的，是被冯守信家人所承认的，但同时也是宋朝官方所承认的部分事实——冯守信在1019年的修河是成功的。那么，为什么同样位置的再度决口可以与冯守信无关，不再继续追究、加以处分？可以推知的关键原因是，冯守信修河的庆成典礼是真宗亲自批示、亲自主持的。皇帝不能错，被皇帝亲笔表彰过的修河英雄不能倒。但是那河毕竟在第二年又再次决口，造成了灾难，所以，在以朝廷国家为对象的文献中，又不得不记下一笔。只不过，河再决"这一笔"与修河庆成"那一笔"的客观联系被抹杀了。这样的记录能否传真？<u>不重要</u>。

3. 例三，国史书写中的真实观："国恶不可书"

再举一个例子。上面那个例子中提到了神道碑。神道碑、墓志的写作"近乎史",但毕竟不是史。然而,即便是国史的写作,事实上也存在着类似的情况。宋仁宗朝有一员大将刘平,在宋夏战争的战场上失踪,朝廷调查的结果认定刘平是为国捐躯了。但是后来,人们发现刘平有可能不但没死,而且还好好地在西夏活着,只是做了俘虏。刘平失踪时是武将,但他是进士出身,后来换武。宋朝文官的政治和社会地位高于武官,特别是进士出身的文官。

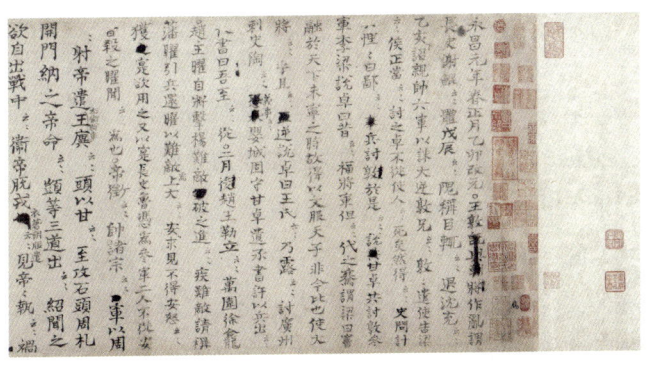

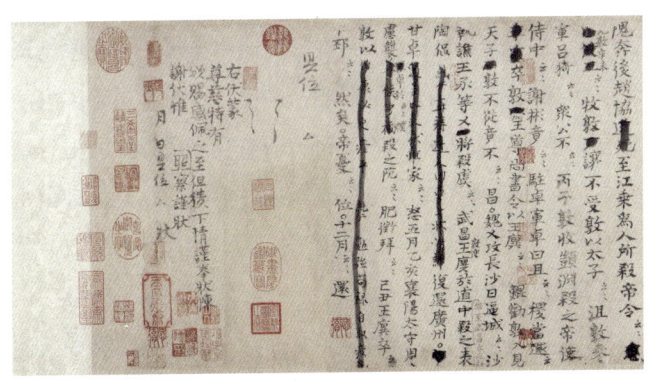

司马光书《资治通鉴》残稿

传统中国,何为"真实"　199

当年刘平失踪，是他的文官同年、朋友把他定性为英雄，奉上了神坛。如今消息传来，一个为国捐躯的英雄忽然要变成一个委屈苟活的降将，这是刘平的文官同年、朋友和大宋朝廷都不能容忍、不能接受的。所以，这件事情最终没有被揭露出来。又过了几年，刘平的儿子忽然上书朝廷，请求再给刘平褒奖。此事突发，应该是刘家对刘平可能的苟活感到了恐慌，所以要把这件事情的性质再凿实一下。

这时，司马光正在太常礼院任职，他要为刘平写作褒奖文书，因此要做调查。结果，司马光发现《时政记》及《起居注》"并不载元昊叛命、契丹遣使事"。《时政记》和《起居注》是宋朝最重要的两种本朝历史记录，而这两种记录当中都没有记载元昊叛命（宋夏战争）以及契丹趁机勒索的事情。从今天的角度看，宋、辽、夏三国之间的博弈涉及"国际"关系，在当时甚至引发了重大危机，是大事。而这样的大事，在最重要的历史记录当中竟然都漏掉了。于是，司马光就请求到枢密院追寻本末——查原始资料。司马光当时还有一个兼职，是史官检讨，属于国家的史官。他就到史馆跟他的上司——史官修撰孙抃去报告这件事情，而孙抃拒绝了司马光。孙抃拒绝司马光的理由是什么？"国恶不可书。"因为孙抃认为"国恶不可书"，"其事遂寝"，就这样不了了之了。

孙抃是一个什么样的人呢？孙抃难道是一个喜欢扭曲事实的人吗？苏颂的《孙公（抃）行状》说：

> 公在讲筵前后十三年。故事，凡进读群书，前代乱亡忌讳之语皆掠去不解。公以为不然，每至其处，必再至敷衍，且曰："兹事所以书之于策牍者，示来代之明戒也。苟临文避讳，则书传载之何用？"自是遂尽读无所避。

"讲筵"又称"经筵"，是皇帝的读书班，从宋朝开始形成制度。讲筵之中，本来是避讳"前代乱亡忌讳之语"的。而孙抃则指出，这些事件之所以被记录下来，就是要用过去警告未来，倘若临文避讳，那么还有什么意义呢？从此之后，经筵就不再避讳这些。孙抃不忌讳前代乱亡之语，但是临到了本国的事情却认为"国恶不可书"。这是第三个例子，我们从中可以看到，"义"干扰"文"所造成的对"事"的遮蔽、隐瞒、漏略。

4. 例四，欧阳修用文字创造"范吕解仇"

下面说一下"范吕解仇"。范仲淹年轻的时候是以敢于批评著称的，他的主要批评对象是老一辈政治家吕夷简。范仲淹、欧阳修这些人都曾因攻击吕夷简被贬。到后来，宋夏战争爆发，吕夷简回来做宰相，把范仲淹召回到前线去组织防务，两人在首都见了一面。关于这一面，范仲淹死后，欧阳修在《范仲淹神道碑》中曾经写下这样的句子"二公欢然相约勠力平贼"，所谓"欢然"意思是范仲淹与吕夷简相逢一笑泯恩仇了。但是，范仲淹的儿子范纯仁却说"吾翁未尝与吕公平也，请易之"。范纯仁坚决不承认范仲淹与吕夷简实现了内心的和解。欧阳修说这是我亲眼看到的，你当时只是个小屁孩，你知道什么？范纯仁"即自刊去二十余字，乃入碑"，碑刻成之后，范纯仁以拓片献欧阳修。欧阳修说此"非吾文也"。

在这件事情当中，范仲淹与吕夷简是否相逢一笑泯恩仇、实现了和解，可能孝子的说法更应该得到尊重。但是，欧阳修却坚持要把和解写到文中，刻到碑上。孝子之说应当更加符合客观发生，而欧阳修需要"欢然"，也就是政治和解，所以，他在《范仲淹神道碑》中用文字创造了"欢然"，并且坚持维护他所创造的"欢然"。这是他这个代际的政治家在中年之后通过反思所产生的政治智慧，尽管"欢然"也许并未客观发生。

5. 小结

以上四例，李沆报忧不报喜，所以为"圣相"、王安石为治河英雄冯守信画像定格、孙抃主张"国恶不可书"、欧阳修坚持用书写创造"范吕解仇"，他们所秉承的都是这样一种道德至上的功利主义真实观，而这种道德至上的功利主义真实观，向前一步，再向前一步，是可以制造真实的。对欧阳修来说，"欢然"是否客观发生，其实并不要紧，要紧的是欧阳修希望把和解刻到范仲淹的纪念碑上去。

五、结论

传统时期的"真实观",理应不捏造、不回避,但是有选择,追求善与美的真。但事实上,有时难免会越界,会出现制造事实的状况。今天我们追求的是如实表达,是更符合客观发生的主观表达。以符合客观发生为真实表达的标准,其实需要更为复杂和成熟的思考方式。比如魏征这个人,我们既要承认他是太子建成的叛臣,同时还要承认他是唐王朝的忠臣,是李世民的诤臣。如此讲授,才更加符合魏征的真实。但是,你要去向普通大众讲这样复杂的故事,就会是一个很困难的事情——老百姓更习惯于接受简单的故事。直到今天,那种很成熟复杂的思考方式仍然并不是大多数人所习惯的。传统的真实观事实上否定了不容否认的客观真实的存在,这可能是阻碍中国人进行分析性思考的原因,同时也阻碍了中国人对客观世界探索的深入,以及我们在处理与其他文明关系上的判断。

以上就是我的报告,谢谢大家。

答 问

问:老师好,我想请问一下,因为有作者有自己的真实观,那我们在运用这些文本来进行史料研究甚至是文学研究时，是不是就不能把它当作历史真实来进行研究。比如我研究这个文本只能研究出这个作者所带来的真实观或者是这个作者所想表达、传达的东西，而不能把它当作历史真实？

答： 你说的很有道理。抵达我们的信息尽管是碎片式的，而且非常有限，但是我们得到的往往不是单一来源的信息，因此，我倒觉得，"我们"（今天的学者）反而更有可能接近真实。第一，抛开"事发当时"以及"文字记录产生的当时"的两重偏见，"我们"之于被记录的对象，可以更少功利的考量，因此，我们可以抱持着现代的真实观（追求符合客观发生），通过古人留下来的材料去探讨客观发生可能的样貌。我特别喜欢乐黛云教授在一篇散文里的说法，叫作拂去人物身上"历史的烟尘"。"我们"可以"拂去历史的烟尘"，通过不同材料的比对，通过对材料产生过程及其可能偏向的追索，更加接近客观发生的真实。在这个意义上，我们今天发生的事情，可能也是未来的史家比我们看的更清楚。

问： 谢谢教授，我看你的著作《大宋之变》里面谈到濮王，我看教授比较倾向支持司马光那一个立场，因为你在书里面谈到欧阳修，就说他比较喜欢创新，但立场没有很强势，为什么他支持濮王这个论调，可不可以解释一下书中为什么比较倾向支持司马光？

答：其他朋友未必了解我们在说什么，所以我要先简单说一下。英宗朝有一个大的政治事件叫作濮议，讨论的议题是对于当时皇帝英宗的生父——英宗不是仁宗的亲生儿子——对于英宗的生父濮王的尊崇。当时有两派意见，欧阳修等老一辈政治家是一派，他们主张可以称濮王和濮王的夫人为父亲、母亲；中生代的政治家是另一派，以司马光、吕公著、范纯仁为代表，这拨人主张最多叫濮王皇伯，叫皇伯考都是抬举他了。这两派的意见分歧，老一辈在政治上更加成熟，或者说更加圆滑；如果从原则出发，司马光这一派的意见其实更加符合儒家礼义。宋朝相较于五代、相较于唐而言，儒家有所复兴，其重要标志之一就是在涉及重大伦理关系时是持正的。英宗的皇位来源于仁宗对他的收养，英宗皇位的合道性来源是仁宗，他只有作为仁宗所接纳收养的儿子、只有作为仁宗之子才具有继承权，而他对濮王的过度尊崇就违背了儒家的经典。

辩论双方都引用到一句很关键的儒家经典，"为人后者为其父服齐缞一年"，这里的"为人后者"指的是被大宗收养的小宗之子，他做了大宗的继承人之后，为他的生父应当服什么样的丧服。为所后父"斩缞三年"，这是最高的服纪。为所生父服"齐缞一年"，这是降等了的。为什么要降等？因为已经出继大宗，与本生父之间断绝了父子关系。这就是"为人后者为其父服齐缞一年"的完整含义。而欧阳修说，既然可以说"其父"，那就还是"父"。

这其实是断章取义。

欧阳修是一个非常强势、非常自我的作者和读者。我写过一篇文章,专门以司马光为核心讨论碑志书写者的态度。刚才我们说过,墓碑、墓志属于订制书写,多数书写者的态度是"你给了我钱,或者我答应了你,我就会按照你的想法来写,至少要照顾你的想法"。但是,欧阳修、王安石、朱熹这些人的态度是非常硬的——"这是我的文字,就得表达我的意愿,哪怕是给你爹写的墓志铭"。欧阳修在儒经文字的解读和表达上是违礼的,而这种对于礼仪的违背建立在他的政治经验基础之上,他希望能够把英宗皇帝很快地安顿下来,不要再折腾了。他这个不要再折腾,在政治上意愿良好,但却违背了传统礼制,因而遭到中生代政治家的不配合,甚至攻击,最终又在政治和思想上造成了动荡、分裂。

问:老师您好,传统中国的真实观,这种制造事实的行为往好的方面说,可能是用礼义教化百姓,稳定国家的局势。如果往坏的方面发展,会不会形成乔治·奥威尔在《1984》当中所说的"谁掌握了现在谁就掌握了过去,也就掌握了未来",造成那种"无知即力量、奴役即自由、战争即和平"的一种情况?

答:我对这位兄台对于乔治·奥威尔的了解之深,首先要表达佩服的。但是另一方面,作为一个历史学者,今天史学追求真实，我们追求的是符合客观真实。但是在追求客观真实的同时是否也可以顾及人类的道德？当然，道德这个东西，是一个主观的东西，相对而言就比客观要模糊，容易出现过度的状态。老实说，关于这个问题，我的思考是作为一个历史学者，尤其是一个小历史学者，主要是依托于宋朝的，我不是一个思想家，也不是一个哲学家，我仅就我看到的过去所发生的进行思考。它是这样的，我看到了，我表达。我们今天谈的真实观，是观念问题，谈的是古人的主观，但这个主观本身是一个客观存在，而且也会影响到我们的文化基因。

问：今天是我主持，我借用我主持的优势问一个问题，在座有很多历史教育课程的学生，今天我听了后受到很多启发，我们在历史上所说的真实确实像赵教授所说的那样，因为中国有一种纲纪伦常的观念，所以时常真实要跟纲纪伦常结合在一起。其实在我们中国史学史中，一个世纪以前梁任公写了新史学之后，带起一个所谓的新史学思潮。在这个思潮中，对于真实是有很多检讨，传统掺入了纲纪伦常之后的历史真实是不是真的符合新史学所盼望的那样一个真实需求？这个讨论后来很快又消失了，之后是傅斯年他们创立历史语言研究所代入了德国兰克学派提倡的所谓经过语言验证的一种真实。所以又变成了另外一个真实，因为兰克学派有一种宗教背景，所以他们所说的真实又是另外一个,代入了欧陆的历史观。今天我们重新来看这个问题,经过整个世纪的讨论,未来我们的历史教学要如何让历史学新一代学者去掌握这种种不同层次的所谓真实呢?也就是说,我们应该要如何考虑这个真实?纲纪伦常是19世纪以前封建社会的很多需求,那么,我们在未来时代对于历史学里面所需要的"真实"应该用一种什么样的态度去确立其标准?

答:谢谢,这是一个特别严肃且很大的问题,老实说我没有现成的答案,我曾经看过美国人的中学历史课本,因此有一点点具体心得可以分享。我发现各国的历史课本和历史教学与历史学研究始终都是两个区域,是相关联但又相区别的。就历史教科书而言,毫无疑问是一个建构,是教化,用今天的话来讲,是教育你成为谁。所以,各国的历史教科书,在这个问题上我感觉是一样的,是有立场的。学者其实也有立场。我们今天讨论古人叙事,我们说古人是有偏见的。我自己在讲宋史的时候,常常会提醒我的听众告诉他们司马光有偏见,今天我在这儿讲司马光也是我的一偏之见。

美国人的历史课本当中有一个,至少在很大程度上比我们学的课本要好的地方,是它提供了大量资料,还提供了相对立的观点,试图带着孩子们,引导孩子们进行思考。这个思考,我理解一定也是有指向性的,可是它鼓励学生通过思考,通过自己的反思抵达那个被认为是正确的观点。

这就比单单教给孩子说"你要记住,这是一个不容置疑的结论"要更优。优点至少是两方面的:一是教会孩子讲道理;再有一个可能记得更牢,让孩子不会讨厌学历史。

我们现在又处在一个历史关头,我们看到了很多的恶,这些恶至少不亚于过去的恶。但是,我认为就人类历史的大势而言,人类还是追求善和美的,所以要表达善和美,要在不捏造的前提之下,从纷繁复杂的历史事项当中去传递善和美。这种真实观至少符合我个人的想法。比如我们两位坐在这儿,肯定要穿得整整齐齐,我还化了妆,我们要把好的那一面呈现给大家。所以我认为,在不捏造、不掩饰、不掩盖的前提之下,选择性地表达符合道德的真善美,符合善的和美的真,还是应当追求的。

问:赵教授您好,上次听了您关于苏轼的讲座,我记得您说过一句话,就是我们每一个人都脱离不了我们大的时代背景。生活在我们当下时代的每一个人,其实对于当下的真实,每一个不同立场的人或者不同思想背景的人所感受到的是不一样的。比如同一件事情,正在经历它的人可能是一种感受,在思想背景之外的人去看待它又是另一种观点。对于历史的真实,是否可以从文学角度说一千个读者眼中有一千个哈姆雷特?因为我们每个人都是带着自己的观点去解读这个事情的。关于这一点想请您谈谈您的一些见解,谢谢您。

答：我不知道是否抓住了您的意思，上一次讲座，我说每个人都活在他"代际的规定"之中，有上限，有下限，这是属于代际命运的规定性。但是在同一代际之中，每个人的感受肯定是不一样的。"在其中的人"未必知道这个规定性的边界在哪里。这个边界被总结出来，我想可能是以后历史学者做的事情。但是，我们每个人尽管是在规定性之中的，我们仍然可以努力做到最好的自己。我们在"我们的命运"之中，但我们并不是没有选择的。比如这儿有半瓶水，我的一个反应是"呀，怎么只有半瓶了"，但我还可以说"天啊，太好了，还有半瓶水，我还可以喝"，这也是一种选择。我觉得这不是逃避，这是对真实的反应。同一个客观存在，不同心境其实会给到不同的关照，并最终反馈到我们自己和周边人身上，我们就可以在一个大环境之下创造一个相对更好的、同时也是真实存在的小的好环境。

问：非常感谢你今天又来给我们做最后一场"胡说八道"。我一直在想你最后那一页PPT，我想你争议关于"义"和"礼"跟"事"至今的关系。我不是研究历史的，但也可以从很多现代语言或者新颖的研究角度去解释"义"作为一个调节，就看"事"跟"书"之间的关系。我想回应刚才的问题，除了真善美的传达之外，那个"事"是多方面的，你最后一张PPT里讲到了魏征，其实他有很多面，在研究角度是否不是那么简单的，教化角度我承认，我们有人性，有善有美这样的追求，但在研究角度或者我对于这个"事"的表述，是否我要把他的多面性都呈现出来，更符合我们这样一个真实观呢？这个地方您有没有一些可以补充的。

答：谢谢，刚刚没有时间展开，魏征这个事情是程颐对于司马光提出来的一个质疑。程颐问司马光，你正在修《资治通鉴》的唐代部分，那么你敢不敢对唐太宗和唐肃宗"书其篡"，司马光说敢。这个问题就过去了。程颐又问了一个问题，你敢不敢"正魏征之罪"。司马光就被问愣了，不知道魏征何罪。程颐就做了一大段的阐释，这段阐释我觉得足以证明儒家理学家的义理之精微。魏征本来是太子建成的臣子，和建成之间有君臣关系，玄武门之变，太宗杀了建成，就等于杀掉了魏征的君主，因此魏征与太宗之间是有不共戴天之仇的，所以魏征不应该事奉唐太宗。魏征事奉唐太宗就违背了他对建成的君臣之义，魏征是大义有缺的，即便他后来以诤臣著称，也不能以"立朝风节掩其罪"。这个是程颐的说法。

司马光用管仲的例子为魏征辩护，管仲原来服事的是公子纠，公子纠被公子小白杀了之后，管仲转而服事公子小白也就是齐桓公，成就霸业。司马光认为这两件事完全对等，而孔子既然可以赞同管仲，那我就可以赞同魏征。程颐说这两件事不同，他辨析得十分仔细，比如公子纠没有继承权，但太子建成是正儿八经的太子，已经被立为太子，君臣之分已定，所以太宗玄武门之变是弑兄弑上，而魏征则最终背叛了旧主。就义理而言，程颐完胜，但是他没有说服司马光。学历史的人重视事实、重视结果，对这些细微的义理是可以不太讲究的。

司马光作《资治通鉴》的《唐纪》，讲魏征的故事用的是最简单的版本，直书其事，不以小节掩大德。到了司马光的学生范祖禹做《唐鉴》的时候，则是完全按照程颐的那番义理在写了。再往下，到南宋，朱熹做《通鉴纲目》的时候，却又退了回去。身为理学家的朱熹为什么要退回去？其中有一个很重要的原因，就是若按程颐那样讲，太复杂了，老百姓没有办法听懂。而如果要行教化的话，就只能讲简单的故事。朱熹退回来了，但是我们今天尤其是受过良好教育的人其实不应该退，还是应该努力向前，去接受复杂的事实，去接受事实的多面性，接受魏征既可以是一个背叛了故主的人，同时也可以是唐朝的忠臣。这样复杂的事情需要接受者的高水准，希望我们都能够成为高水准的接受者。

图书在版编目（CIP）数据

赵宋：如是我见 / 赵冬梅著. -- 太原：山西人民出版社，2025.3. -- ISBN 978-7-203-13823-5

Ⅰ．K244.07

中国国家版本馆CIP数据核字第2025NN3453号

赵宋：如是我见

著　　者：赵冬梅
责任编辑：李　鑫
复　　审：傅晓红
终　　审：梁晋华
装帧设计：陆红强
出 版 者：山西出版传媒集团·山西人民出版社
地　　址：太原市建设南路21号
邮　　编：030012
发行营销：0351-4922220　4955996　4956039　4922127（传真）
天猫官网：https://sxrmcbs.tmall.com　电话：0351-4922159
E-mail：sxskcb@163.com（发行部）
sxskcb@126.com（总编室）
网　　址：www.sxskcb.com
经 销 者：山西出版传媒集团·山西人民出版社
承 印 厂：北京汇林印务有限公司
开　　本：870mm×1120mm　1/32
印　　张：7
字　　数：150千字
版　　次：2025年3月　第1版
印　　次：2025年4月　第2次印刷
书　　号：ISBN 978-7-203-13823-5
定　　价：68.00元

如有印装质量问题请与本社联系调换